金翅鳥

生命，可以被智慧點亮；
慈悲，才會令你更歡喜。

你也可以這樣活著

濟群法師 著

目錄

推薦序／地子 10

1 隨緣與進取 15
——《財富品質》專訪

2 用佛法智慧解析人與人之間的關係 23
緣無所謂善惡，不黏著的智慧 24
心中有大愛，不淡漠的智慧 25
自由調整距離，洞穿真相的智慧 28
不患得患失最養生 29

3 報恩，不僅僅是報恩 31
——《財富品質》專訪
盂蘭盆會與孝道是何關係？ 32
佛教怎麼看父母與子女之間的關係？ 36

含著金湯匙出生的「富二代」，如何將福報延續？ 38

4 佛教徒的人生態度 41

消極還是積極？ 43
悲觀還是樂觀？ 56
禁欲還是縱欲？ 68
重生還是重死？ 83
自利還是利他？ 100
出世還是入世？ 113
無情還是多情？ 123
隨緣還是進取？ 131
結語 138

5 佛教的世界觀 141
——二〇一五年於北京大學「陽光論壇」

世界的起源 145
微觀世界 147

宏觀世界 151
世界的生成和演變 156
世界的原理 160
認識與存在 164
結語 168

6 佛教的道德觀 171
——二〇一八年於「騰訊佛學頻道」五週年
何為道德 173
道德的基礎 178
道德和利益 184
道德的建立和提升 194
佛教道德在當今世界的價值 201
結語 205

7 唯有內心和平，方有世界和平 207
——《身體周刊》專訪

8
生活簡單更容易幸福 215
微博傳播人生智慧 216
吃飯、喝茶即是修行 218

9
身心健康是人生第一財富 223
——《廈門晚報．健康潮》採訪

10
慈善的精神 231
——《胡潤百富》專訪
慈善最核心的精神是什麼？ 236
心理呵護重於單純物質幫助 239
善款如何善用？ 241

11
慈善，是慈悲心的修行 251
——二〇一四年於復旦大學心理系「讓愛心更有力量」慈善論壇
慈善的本質 254

佛教中慈善的修行 257
慈善的意義 267
結語 270

12 有愛心，才樂於付出 273

13 提升財富品質，享受智慧生活 281
——《財富品質》專訪

14 經營企業與經營人生 295
——首屆企業家靜修營「企業與人生」論壇
數位化時代的衝擊和改變 296
用機制給個人鬆綁 300
可持續發展需要心力 303
共享經濟時代最應該共享佛法 308
菩薩低眉和金剛怒目都是慈悲 314
從利益共同體到命運共同體 318

15
認識佛法，成爲更好的自己 325
——首屆企業家靜修營結營式問答
學做菩薩，歡喜承擔 326
紅塵之中，保持初心 328
學會觀照，回歸本心 330
關愛健康，認識生死 333
智慧管理，佛法支招 336
認識成功，選擇人生 339

16
以出世之心，做入世之事 345
——《財富品質》專訪

濟群法師著作系列 352

推薦序

這是一本有趣、寧靜又充滿智慧的書。

都市中的你我，每天聽慣了鍵盤嘀嗒、短信提示、公車報站、銀行醫院排號點名等各種聲浪。打開這本書，好像推開了一扇門，眼前出現另一個世界：你會因綠芽冒出土地而喜悅，會對初升的朝陽歡呼跳躍，耳旁是露水凝結的聲音，是花蕾初綻的聲音，微風吹拂著柳絲，湖面漾起了漣漪，世界瞬間安靜下來。

人應該如何活著？仁者見仁，智者見智。

如何在有限的生命裡，活出屬於自己的精采，卻是我們每一個人的終身大事。

被時代的洪流裹挾著前進的人，常常會迷失方向。

打開這本書，就像和法師對坐品茗，聽法師娓娓道來：

如果人生只活一次，就等於沒活。活一次，即使活一萬年又怎麼樣？也很快會過去。恐龍曾在地球生活一億五千萬年，稱霸世界，卻在六千萬年前徹底滅絕，只有化石才能證明牠們的存在。同樣的，不論我們現在有多少財富和事業，不論多麼位高權重、名滿天下，如果只活一次，幾十年過去後，一切就會隨著死亡而結束。而在百千億萬年的歷史長河中，再風光的一生，也渺小得如同塵埃。這樣的生命，價值何在呢？

書中舉例生動有趣，常常能戳中內心。即便你對某些觀點不太贊同，那也無妨，因爲智慧甘露語俯拾皆是，你會詫異、會警醒，也會眼前一亮：原來自己也可以這樣活！

法師常住在阿蘭若，經常有人去那裡拜訪，他們驚奇地發現：現代社會還有這樣的人，淡泊名利，超然物外，卻又對社會充滿關愛。

有時候，法師會帶領著學生在小院裡學習、討論，學生可能是社會上最卓越的一群人，也可能是最普通的一群人，這群人坐在那裡，樸素而從容，自信而篤定，無疑，他們都是世界上快樂的人。

法師的僧袍陳舊發白，小屋的設施也極爲簡單，但他的氣度自在飄然，無疑是精

神世界的王者。他只看你一眼，他什麼都看到了，但又什麼都沒有看到。

很多人見到法師，心情都會非常激動，歡喜異常。也有人坐在他的身旁，自然而然就處在一種從未有過的、寂靜、空明、喜悅裡。

如果你對佛法很好奇，可以從了解這本書開始。

如果你修行多年，這本書也值得一讀再讀。

慢慢讀來，感覺就像法師帶領你坐看雲起：每天的夕陽都不一樣，大自然如此豐富，忙碌的心卻熟視無睹。

他希望他的一些修行感悟，能幫助世人重新審視自己的身心，審視周圍的世界。

比如幸福。他說，今天人們擁有的物質已前所未有的豐富，多到需要不斷丟棄的地步，是不是就能過得幸福？如果生活簡樸些，就可以有更多閒暇充實自己，陪伴家人；可以讓自己慢下來，看花開花落，雲卷雲舒；可以讓自己放下負擔，找尋生命的終極意義。

有人問如何面對惡緣？他說：無須排斥，更無須煩惱，而要接納、包容並感恩。

感恩有這樣的特殊機會來磨煉心性，接受考驗。如果一個人在逆境中都能泰然處之的話，就沒什麼可以對他形成干擾的了。

眾生關注的所有問題，法師都關注。比如，情為何物？比如，父母和子女之間的關係？工作的關係、生活的關係……法師會抽絲剝繭、一層一層開示給你：心中有大愛，不淡漠的智慧；自由調整距離，洞穿眞相的智慧。

閱讀，足不出戶，就可以走進智者的世界，彷彿和法師一起，在山中坐禪。夏日的風無拘無束吹過來，輕盈地穿過阿蘭若的窗櫺，悠然、迴旋。花雨滿天，輕語著阿蘭若的寂靜。字裡行間，是月光、是竹影、更是無盡的慈悲，抬起頭來就看見一片璀璨星空。

讀完這本書，輕輕闔上，不禁為這樣溫暖而有趣的生命讚嘆。微微笑著低下頭的，都是有智慧的人！

地子（文字工作者）

二〇一九年九月

1

隨緣與進取

——《財富品質》專訪

蘇州西園寺，全名西園戒幢律寺，距今已有七百年的歷史。它雖臨鬧市而無喧囂，近塵寰而不汙染，是一座巧妙融合佛教殿堂與蘇州園林爲一體的寺院。二〇一〇年一月，在上海道次第班同修的發心努力下，寺內依山環水、別具一格的「四面廳」茶樓正式開始使用。試營業期間，已入深冬，清茶一杯，銀杏遍地，我們聊到了「緣」這個話題。想想看，「緣」這個字，很神奇，潮漲潮落，冥冥之中似乎一切已注定。感情受挫，事業不順，我們都會安慰自己和他人說「一切隨緣」。但轉念一想，既然一切「隨緣」，還要「努力」二字做什麼？果眞一切「隨緣」，個體的存在豈不是太過渺小與虛無？或者，此「緣」非彼「緣」。或者，對於「隨緣」二字，我們一直誤讀了。善知識濟群法師在一個冬日的陽光下，手中轉動著剛從地上拾來的一片落葉，向我們娓娓道來關於「隨緣」與「進取」的人生智慧……

問：生活中，我們認爲一個人有進取心是好事，而在佛教中，凡夫意義的「進取」卻往往帶著「執著」的色彩，請問「進取」和「執著」有什麼區別？

答：有些人認爲佛教是消極的，擔心一旦學佛會失去進取心，因而不敢走近佛教，其實這是對佛教的誤解。從世俗意義上說，進取心是好事；從佛教角度看，進取心同樣被肯定。任何一個眞正學佛的人，首先要建立一種崇高的目標，然後爲實現目標不斷努力。佛弟子在修行時都要發菩提心，正如四弘誓願所說：「眾生無邊誓願度，煩惱無盡誓願斷，法門無量誓願學，佛道無上誓願成。」而每個菩薩在因地修行時，都曾經發過大願，並爲實現這些偉大願望而精進不懈。

進取與執著是什麼關係呢？進取代表著人們有某種上進心，有某種向上的追求，比如學業、事業等。但我們在追求過程中，必然會介入自我，貼上我的標籤，覺得我在追求。成就了，我很光彩；萬一失敗，就覺得我沒面子。因爲對我、對成就的執著和過分在乎，就會產生憂慮和焦躁。另外，我們對追求的事也會有自己的價值判斷。而那些在乎的事，重要性就被誇大了，一旦不能成功，會很痛苦。我們也會執著自己的經驗方法，以爲這才是通往成就的最佳模式，從而變得自以爲是，不能採納他人意見。甚至在做事中，因爲固執己見，產生對立衝突，使人

活得很累。當然，我們也不能否認，在實現目標的過程中，這種執著也具有某些促進作用。

佛法的修行，是要我們進取而不執著。《金剛經》有句名言是：「應無所住而生其心。」無所住，是沒有執著；而生其心，是有進取心。經中講到菩薩要滅度無量無邊眾生，所謂「若卵生、若胎生、若濕生、若化生，若有色、若無色，若有想、若無想，若非有想、非無想，我皆令入無餘涅槃而滅度之。」這是說菩薩要幫助一切眾生解除煩惱，從輪迴中覺醒，但心中不能執著於眾生相，也不能覺得我在渡眾生，所謂「如是滅度無量無數無邊眾生，實無眾生得滅度者。何以故？須菩提！若菩薩有我相、人相、眾生相、壽者相，即非菩薩」。如果菩薩也像我們凡人一樣，把所做的事看得很實在，覺得我在做事，我在渡眾生，就不是合格的菩薩了。

但執著是凡人的習性，有進取心必然會伴隨執著，有執著就會造成痛苦。想要進取而不爲所累，就必須要有空性的智慧，認識到一切都是因緣所生。唯有這樣，才能超越對現象的執著，心無所住，在積極進取的同時不失自在。

問：我們常常會在失意的時候安慰自己說要「隨緣」，佛教中也講「隨緣」，那麼「隨緣」和剛才所提到的「進取」矛盾嗎？

答：佛教所說的隨緣，常被一般人誤解了。隨緣，似乎就等於不做任何努力，是被動、消極的表現。這就把隨緣和進取對立起來了，以爲隨緣就不思進取，進取就不能隨緣，其實不然。

佛教講的隨緣，其實是很智慧的。佛教對世界的認識，就是立足於因緣因果。任何一件事的成敗，都離不開這四個字。其中，有客觀條件，也有主觀因素。當我們面對一件事的時候，如何隨緣？這就要考量各種因素，審時度勢，然後做出智慧選擇，而不是一廂情願。因爲多數人都是很主觀的，我們帶著經驗和觀念的模式在看世界，帶著執著和強烈的需求在選擇，這樣難免會產生片面認識。所以，佛教告訴我們要隨緣。

懂得隨緣的人，才能積極進取，才不至於一意孤行。在綜合評估各種因素的前提下，採用最合理的方法，才有助於目標的實現。

問：請您爲我們開示「因上努力，果上隨緣」這句話的含義。

答：佛教講因果。而平常人多關注結果，羨慕別人的成就。可是成就從哪裡來呢？任何成就都不是從天上掉下來的，都有它的前因後果，佛教中有一首十來偈，就說明了這個道理。所謂「端正者忍辱中來，貧窮者慳貪中來，高位者恭敬中來，下賤者驕慢中來，瘖啞者誹謗中來，盲聾者不信中來，長壽者慈悲中來，短命者殺生中來，諸根不具者破戒中來，六根具足者持戒中來。」可見人生各種結果都不是偶然的，所以要重視因上的努力。

但多數人只在乎結果，爲了得到某種利益，甚至不擇手段，造下各種惡因。當這些惡因成熟時，便悔之晚矣。有句話叫做「菩薩畏因，眾生畏果」，爲什麼呢？菩薩認識到因果的原理，看到眾生的不幸，看到三惡道的悲慘，所以對自己的每個起心動念都會特別謹愼。因爲他深深知道，不良的心行必定結出苦果。

因此，以佛法智慧看待人生，就是告訴我們必須在因上努力。只要因緣具足，結果自然就會出現。如果不能成功，那只說明因緣還不具足，還需要在因上繼續努力。相反的，把結果看得太重，就會患得患失。如果不肯在因上努力，那結果永遠都不可能出現。

「因上努力，果上隨緣」同時也說明，當我們有了某種成就，這種結果也是眾緣和合，是無常的，同時也不是可以永遠擁有的。不要太執著，那只會帶來痛苦。隨緣也能讓我們在面對成功時抱著一分平常心。成功時不會把自己看得高人一等，失敗了也不會有挫折感，覺得自己一無是處。

2

用佛法智慧解析
人與人之間的關係

緣無所謂善惡，不黏著的智慧

問：如何看待人與人之間的關係？很多人說人和人之間的關係就是「緣」字，那麼何爲善緣？爲什麼在有些緣分中，彼此充滿了痛苦？

答：佛教認爲，世間一切都是因緣所生，人與人的關係同樣如此。

所謂善緣，一般來說，是指那些對我們的生活、學習、工作有正面幫助的關係，可能發生在父母與兒女之間，也可能存在於師生、夫妻、朋友、同事之間，雙方能夠互相關愛，和諧共處。而從佛法角度來看，眞正的善緣還不僅是如此，更是指那些令生命品質得以提升的緣，比如聽聞佛法的緣，依止善知識的緣。

既然有善緣，自然會有與之相對的惡緣，這是一種直接給我們帶來痛苦的因素。可能是家庭中親人的折磨，也可能是工作中同事的排擠等等。關於這一點，我想人們都會有或多或少的體會。

那麼，怎樣看待這些緣分呢？佛教認爲，善緣和惡緣是相對的。如果對善緣過於黏著，同樣會帶來不必要的痛苦。因爲任何關係都是無常的，即使能一以貫之地保持下去，死亡也會使之發生改變。若是對此過於依賴，一旦出現變化，往往會無法承受，甚至因失去全部精神支柱而崩潰。再或者，由於對這種關係過分在乎而引發強烈的占有欲，使善緣逐漸扭曲。所以，我們對善緣要珍惜而不黏著，才能使之長久保持，生生增上。

在面對惡緣時，無須排斥，更無須煩惱，而要接納、包容並感恩。感恩有這樣的特殊機會來磨鍊心性，接收考驗。如果一個人在逆境中都能泰然處之的話，就沒什麼可以對他形成干擾的了。

心中有大愛，不淡漠的智慧

問：弘一法師圓寂時曾留下這樣的話：君子之交，其淡如水，執象而求，咫尺千里。在今天這樣一個關係就是生產力的社會中，一個人的成就和他的人際關係網息息相關，您又如何理解「君子之交其淡如水」的古訓？

答：「君子之交淡如水」一說出於《莊子》，是流傳至今並爲人尊奉的古訓。它告訴我們，人與人之間的關係要平淡、純潔並保有一定距離，才能安然相處，不給彼此帶來負擔。否則，雖一時親密無間，卻容易因糾結而變質，所謂「君子淡以親，小人甘以絕」。

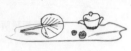

佛教以緣起看世界，認爲社會本來就是各種關係的組合。不同的關係，會對個體生命產生不同的影響。以良好心態面對他人，正是發展健康關係的關鍵所在。佛教主張人與人之間應該建立一種平淡的關係。平淡就能發展出平常心，使人客觀看待問題，避免感情用事。平淡也能發展出平等心，是成就博愛、慈悲等高尚人格不可或缺的基礎。平淡還能使我們內心平靜，反之，若有強烈的得失、好惡之心，就易陷入愛恨情仇之中，使內心動蕩不安。

所以，「君子之交淡如水」的古訓，對現代人來說同樣具有價值。重新認識其中蘊含的深意，有助於我們建立良性的社會關係。

問：莊子喪妻，擊鼓而歌，佛教的愛是不是也超越生死的？但這個故事在很多人眼裡有些太過無情，一個人如果在現實中修練到了這種「不難過」的狀態，會不會讓周圍的人有些無法忍受？覺得太無情？

答：對佛弟子來說，絕不會因誰的去世擊鼓而歌，不論那個人是至愛的親友，還是曾經帶來傷害的人。但也不會像世人那樣嚎啕大哭，悲痛欲絕。

佛法告訴我們，生死只是一種自然規律，如同春夏秋冬的更替，如同歲歲枯榮的野草，既不值得狂喜，也沒什麼可悲。我們需要關注的，不是已經到來的死亡，而是我們這些處在生死旅途中的人，能否超越生死的束縛和羈絆，能否獲得自在。

其實，佛教並不是無情。有句話說：「多情乃佛心」，但佛法所說的情並不局限於親友，局限於與己有關的人，而是對一切眾生的關愛和慈悲。佛經告訴我們，菩薩對眾生的痛苦應當感同身受，應當像獨子患病一樣牽掛在心。但這種慈悲又是建立在空性的基礎上，雖然在乎，卻不會糾纏其中，無法自拔。而凡夫之情是建立在執著、占有的基礎上，從一開始就埋藏著痛苦的隱患。

自由調整距離，洞穿眞相的智慧

問：臺灣作家胡因夢在《生命的不可思議》中寫了這樣一段話：「我發現自己長久以來的兩性關係一直在這樣的矛盾中：我既想要個人的獨立與自由，又想要一個穩定、持久、深入和全方位的關係。這兩者有沒有可能兼容並蓄地同時存在於一種制度或關係裡？」推而廣之，在人世間的關係中，經常可以見到因爲「愛」而過於黏連，或者因爲過於強調獨立和自由而各自爲政，您對此如何看待？

答：關鍵在於，我們要建立一種什麼樣的愛。

如果要建立一種充滿占有的愛，注定是不能獨立和自由的。因爲這種愛是有黏性的，黏住後就會形影相隨，不再獨立。一旦分離，便會因曾經黏得太緊而撕裂。就像兩張黏住的紙，揭開時必然造成不同程度的破損。唯有建立無私的、不以占有爲目的的愛，才能在愛的同時彼此自由。因爲帶來傷害的並不是聚合或分離，而是這種占有性的黏著。

不患得患失最養生

問：本期雜誌針對如何養生提出了不少建議，能請您從佛教修行的角度給我們一些指導嗎？

答：健康的生活，關鍵是知道如何抉擇，知道什麼該做而什麼不該做。因爲行爲會成爲習慣，進而演變爲性格，成爲左右生命的核心力量。現代人的需求很多，這種過度在乎會使人不知不覺中處於緊張狀態。得不到固然焦慮，得到後又會因擔心失去而恐懼。於是乎，心始終處於動蕩和不安之中。

修行，是讓我們的心超越這種患得患失的狀態，回到當下，回到心的本來狀態。所謂當下，就是沒有設定，也沒有起點和終點。現代人往往覺得壓力很大，這種狀態在很大程度上是來自於對自我設定的執著。有設定，就會有期待，很多常態就會被這種期待放大，變得不同尋常，變得讓人緊張。

我們可能都有這樣的感受，等待中的時間會比平時慢得多，也無聊得多。原因就在於，這段時間被我們附加了設定和期待，從而帶來不一樣的心理感受。如果沒有這些附加因素，即使同樣是在等待，但內心仍是安然的，波瀾不起的。

3

報恩，不僅僅是報恩

——《財富品質》專訪

農曆七月十五是佛教盂蘭盆會的日子，其由來和孝道極有關係。我們此次參訪濟群法師，正是上海眾佛教弟子前往蘇州西園寺參加盂蘭盆會之後，採訪就從孝道談起。養育之恩，何以爲報？

盂蘭盆會與孝道是何關係？

問：什麼是盂蘭盆會？它和孝道有什麼關係？

答：盂蘭盆會是佛教法會之一，自傳入中國以來，在民間廣泛流傳，成爲相沿至今的重要傳統節日。《佛說盂蘭盆經》記載：目連尊者見母親因生前造作惡業在地獄備受煎熬，悲傷不已，發願救母。雖然他是佛弟子中的神通第一，卻因其母罪障深重而無力援手。目連哀痛，祈求於佛陀。佛陀告知，可於七月十五以百味飲食供養十方僧眾，以此功德令過去父母得離惡道，同時也令現世父母健康長壽，死後生天。此即盂蘭盆會的緣起，因法會主要爲超渡亡者而設，又稱鬼節、亡人節。這一天是僧團經過三個月精進修行之後的自恣日，又稱佛歡喜日，是殊勝而吉祥的日子。

盂蘭盆會之所以會在眾多佛教節日中受到國人的特別重視，和儒家大力提倡孝道的文化背景有關。但是，儒家所提倡的孝主要是建立於倫理綱常之上，側重於現世責任，而對亡者，雖有愼終追遠之說，終究是語焉不詳的。因爲儒家對亡者的世界避而不談，所謂「未知生，焉知死」。那麼，以祭祀來追遠，除了紀念意義之外，究竟能使祖先獲得什麼利益呢？這成了一個被擱置，而又讓人心存疑惑的問題。

可以說，《盂蘭盆經》的傳譯，正是對此做了解答。讓人們認識到，透過什麼方法，才能使故去的親人眞正得到幫助，而不只是一種紀念，一種生者感到慰藉的形式。隨著這一法會的盛行，目連救母的故事也傳入民間，以文學、戲劇、藝術等種種方式加以演繹，歷千年而不衰，成爲弘揚孝道的重要題材。

相對儒家提倡的倫理性的孝道來說，佛教主要側重從報恩的角度來談。也就是說，盡孝不是被動的道德約束，而是接受恩德後的主動回報。應該說，是更爲究竟的盡孝方式。

問：中國文化受儒家文化影響頗深，儒家孝道中有「不孝有三，無後爲大」，「身體髮膚受之父母」的說法，民間流傳更久想法「光宗耀祖」的想法。一旦選擇做個出家人，以上幾點就很難做到。那麼佛教與行使孝道之間是否矛盾？

答：出家和行孝並不矛盾，關鍵是怎樣來定義這個「孝」。佛教自傳入中國以來，被士大夫詬病的一大罪狀，就是出家人沒有子嗣。從傳宗接代的角度，這種觀念固然有一定道理，但是否可以當作唯一標準呢？其實，每個人都應該有選擇是否成家或生子的權利，這不應該當作判斷是否盡孝的標準。

我覺得，孝的內涵主要包括兩方面，一是對生前的照料，二是對死後的超渡。關於第一點，需要澄清的是，雖然出家人離開了世俗的家庭，但並不逃避對父母的贍養。對於這個問題，佛陀特別在戒律中做了細緻規定。比如父母生活困難或無法自理，出家人應供給衣食所需或親自照料。當然，佛教提倡的關懷並不局限於生活，關鍵還是要引導他們學佛，使之身心安康，快樂無憂。

關於第二點，正是出家修道的意義之一。我們只有解脫生死之後，才真正具備報效父母的能力。否則，即使能令他們衣食無憂，或成就一番「光宗耀祖」的事業，也不過是短短幾十年。當他們要離開這個世界時，我們無力挽留；當他們不幸墮落惡道時，我們無力救拔。所以，唯有令他們生得安養，死入善道，才是為人兒女應盡的孝道。正如明代蓮池大師所說的：「恩重山丘，五鼎三牲未足酬。親得離塵垢，子道方成就。」父母恩重如山，為人子女不論給予什麼物質饋贈都無以為報，當他們究竟離苦得樂時，才是孝道的圓滿成就。

所以，從佛教角度來說，出家非但不與孝道相違，而是更深層的孝，更長遠的孝。除了以上所說的《盂蘭盆經》外，佛弟子們熟悉的《地藏經》《佛說父母恩重經》等，都是在弘揚報恩和孝親思想。佛陀本人，也在成道後上升忉利天為母說法，並在生父淨飯王往生後親自為其抬棺送葬，為我們示現了盡孝的典範。

或許有人會說，既然如此，為什麼佛教要有出家這種修行方式？為什麼不和父母一起享受天倫之樂？這是因爲世間親情是建立在貪著之上，是有黏性的。這種黏性又會加深貪著，使人們對此產生依賴。但世間一切都是無常，即使骨肉至親，也終有離散的一天。貪著越深，依賴越深，由此帶來的傷害就會越大。出家，就是從這種彼此束縛的關係中超越出來，將有黏性的貪戀淨化爲法緣，昇華爲大愛。

佛教怎麼看父母與子女之間的關係？

問：從佛教的角度來看，父母和子女之間是一種什麼樣的關係呢？

答：從中國傳統的倫理來看，父母對子女具有絕對權威。這種權威從哪裡來？其實是建立在強烈的貪著和占有之上。換言之，很多父母是把子女納入自我的一部分，而不是將之視爲獨立個體看待。從而造成一種扭曲、失衡的關係，痛苦也就在所難免。

而從佛教的角度來看，父母和兒女只是因爲緣分走到一起，並沒有必然的從屬關係。任何一方，都沒有權力主宰另一方。父母不能要求子女絕對服從，子女也不能要求父母滿足自己的一切要求。雙方都是具有獨立人格的個體，雖然有親情，有血緣，但也應該彼此尊重，而不是以這種親情和血緣做爲占有對方的砝碼。在尊重的同時，佛教也提倡惜緣。佛教認爲，在父母和兒女之間，必然有著特別深厚的緣分。有道是：「兒女是債，有討債，有還債，無債不來。」不論來的是什麼，終歸是有它的緣由，有它千絲萬縷的宿世糾葛，所以要安然接受。如果是順緣，固然要心存感恩。如果是逆緣，同樣要心存感恩，因爲當下就是化解往昔惡業的機會。把握這個機會，才能轉逆緣爲順緣，而不是讓這種不良關係帶入未來生命，生生世世互相纏繞。

所以說，佛教在看待父母和子女的關係時，是以彼此尊重爲前提，以珍惜緣分爲原則，以心存感恩爲重點。

含著金湯匙出生的「富二代」，如何將福報延續？

問：社會對「富二代」的看法始終褒貶不一，但是不可否認的是，這些啣著金湯匙出生的「富二代」的確擁有著太多其他人不可比擬的先天優越條件。這是先天的福報。但是爲什麼有些家族的「富二代」能夠把這個福報延續下去，有些卻漸漸沒落？

答：佛教認爲，眾生雖然是平等的，但生命起點各不相同。生爲富二代，表面來看，只是命運的格外垂青。事實上，這種福報是來自過去生的積累，是往昔善因招感的樂果。從這點來看，他們享有比別人更多的機遇也無可厚非，因爲這一切並不是天上掉下來的，而是自身的福報所招感。

但我們還要看到，這種福報只是今生的起點，並不是永久保障。若不能善加利用，福報也會轉化爲違緣。就像身處半山，如果繼續向上，固然比他人領先一步；如果不幸墜落，也會比旁人摔得更重更慘。身爲富二代，在擁有這些福報時，必須看清其中潛在的危機。這樣，才會有駕馭財富而不為之傷害的能力。否則的話，或是因出身富貴而不求上進，渾渾噩噩；或是為富不仁，作惡多端，最終毀了自己的一生。這樣的例子，可謂比比皆是。

怎樣才能使福報延續下去？這就需要播種，需要耕耘，佛教稱之為培植福田。福田有三，分別是恩田、悲田和敬田。所謂恩田，就是對有恩於我們的一切人，都要懷著感恩之心去報答，包括父母恩、師長恩、國土恩和眾生恩，這也是佛弟子在每天修行迴向時所說的「上報四重恩」。所謂悲田，則是從慈悲心出發，盡自己所能幫助千千萬萬需要幫助的人。所謂敬田，就是恭敬一切應當恭敬的人，主要指佛、法、僧三寶，及一切值得恭敬的有德之人，這才是人生的真正依怙。

事業上的成功，主要取決於機遇和能力。其中，機遇主要和福報有關，包括往昔的積累，也包括今世的培植。有一分耕耘，才會有一分收穫。在這點上，每個人都是平等的。如果不再播種，再豐厚的田地也會漸漸荒蕪。

4

佛教徒的人生態度

二〇〇〇年春天，濟群法師在蘇州定慧寺就「佛教徒的人生態度」開講，針對「積極還是消極、樂觀還是悲觀、禁欲還是縱欲、重生還是重死、自利還是利他」五個問題加以闡釋。二〇一四年第九屆菩提靜修營，法師再度宣說相關內容，在上述這些問題的基礎上，增加了「出世還是入世、無情還是多情、隨緣還是進取」三個問題。從這八個方面，對人們最易產生誤解的問題做了剖析。本文是綜合這幾次講座內容整理而成。

生活在這個世間，我們有各自的人生觀、世界觀和價值觀。由於三觀不同，生活經歷不同，處世態度也大相逕庭。身爲佛教徒，應該怎樣修行和生活？消極還是積極？樂觀還是悲觀？重生還是重死？自利還是利他？無情還是大愛？……這一連串問題，不僅社會有諸多誤解，即使學佛者本身，多半也不甚了了。如果定位模糊，不僅會影響自身修行，也無法向社會傳遞佛教的思想內涵，展現佛弟子應有的精神面貌。有鑑於此，本次講座將從八個方面，爲大家解讀「佛教徒的人生態度」。

消極還是積極？

在一般人心目中，佛教徒是消極而悲觀的。信佛只是老來無事的安慰，或事業、感情受挫後的療傷之道……由於這些誤解，許多人對佛門敬而遠之，擔心信佛後失去人生樂趣，或從此成爲另類。那麼，佛教徒究竟是不是消極的？如果不是，他們的積極又表現在哪些方面？想弄清這個問題，首先要探討：什麼是消極？什麼是積極？

消極、積極的定義和產生

消極和積極，代表我們的情緒、處世態度和行爲方式。關於這個問題，我們先來看看兩者的不同表現及產生背景。

消極和積極的表現

消極，指對某事沒興趣，從而不努力、不作爲、不爭取，甚至有意識地迴避、抵制，反之則是積極。就人生態度來說，消極往往和厭世連在一起，所謂「消極厭世」，聽起來完全是負面的。

其實就這兩個詞彙本身來說，消極和積極是中性的。只有連繫到具體事件，才有是非對錯之分。如果對有意義的事不努力，這種消極是負面的，需要改變。如果熱中於無聊甚至錯誤的事，樂此不疲，這種積極就是負面的。簡單地說，就是做該做的事，不做不該做的事。對這一點，想必大家沒什麼異議。

區別在於，什麼是該做的，什麼是正向而有意義的？這就取決於我們的價值觀。價值觀不同，對消極和積極的判定完全不同。在中國傳統文化中，儒家比較入世，不僅要修身、齊家，還要治國、平天下，道家則崇尚無爲而治。從社會發展來看，似乎積極進取是正向的。那麼，一味強調發展可取嗎？

中國改革開放以來，整個社會都在追求發展，恨不得把所有資源盡快變成財富。在經歷長期貧困後，這種積極進取確實改變了人們的生活水準，有一定的正向意義。但隨著生態環境的日益惡化，道德底線的不斷被突破，在環境和精神的雙重汙染下，人們開始意識到了盲目「積極」的副作用。各種假冒僞劣，各種社會亂象，不都是這種「積極」追求的結果嗎？

如果說不辨是非的積極是錯誤的，不可取的；那麼，明知故犯的積極就是在有意作惡，是必須禁止的。所以關鍵不在於做不做，而在於做什麼，怎麼做。

消極和積極的產生背景

我們爲什麼會對某些事積極進取，對某些事消極抵制？首先取決於自身認識。也就是說，你覺得什麼重要，什麼有價值，或是對什麼感興趣，被什麼所吸引。我們回想一下，凡是自己積極努力過的，是不是都有這些特點？有句話說「興趣是最好的老師」，正是因爲，興趣能激發主動性，讓人全身心地投入其中。其中既有先天因素，來自過去生的積累；也有後天培養的，是由認識帶來的動力。如果上升到責任感和使命感，這種積極就能一以貫之。

當年孔子爲了恢復周禮，推行他的思想和政治主張，一生都在周遊列國，四處遊

說。期間遭遇種種挫折，包括隱士們的冷嘲熱諷，但他並沒有放棄，仍知其不可而爲之。與孔子的積極入世相反，歷史上還有許多寄情山水的隱士，過著淡泊無爲的生活。《莊子》記載：堯有意將天下讓與許由，許由不僅沒感到歡喜，反而跑到河邊清洗耳朵，覺得被此話玷汙。這種機遇是孔子夢寐以求的，天下唾手可得，正可用來大展鴻圖。但人各有志，許由嚮往的是逍遙自在的人生，功名於他不但毫無意義，且避之唯恐不及。

除了價值觀，消極和積極還和人生經歷有關。有些人在成長過程中處處碰壁，工作不順利，婚姻不幸福，種種挫折使他們看不到希望。長此以往，看問題不免偏於消極，總是想到並誇大可能出現的障礙，因爲害怕失敗而不願嘗試。也有些人一路順利，看問題往往更積極，也更有信心去爭取。當然，基於經歷產生的態度未必穩定。因爲境遇是變化的，當逆境和失敗反覆出現後，原本的積極者也可能一蹶不振，變得消極。

此外，消極和積極也受到外部環境的影響，所以古人才有「窮則獨善其身，達則兼善天下」之說。若身逢亂世，不妨遺世獨立，心游江海；若天下安樂，才可出來輔助明君，安邦定國。

人生是短暫的，精力是有限的，不可能什麼都要，所以我們時時都在面臨選擇。而選擇就意味著取捨，在占有的同時也在放棄，其目的，是爲了合理分配有限的時間和精力。對自己選擇的事積極努力，而對其他與之無關又足以形成干擾的事，則消極對待。古人有玩物喪志之說，玩物何以會喪志？就是沒有處理好主次關係，對本應淺嘗即止的事投入過多精力，以致影響到正常的學習和工作。

總之，消極和積極是相對的。在不同的人生階段，對待不同的事，人們會做出各自的選擇。至於選擇什麼，包括認識和經歷的影響，也包括環境的因素。這種選擇決定了我們的人生道路，也決定了生命的意義所在。每個人都有自己熱中的事，但有些事只會讓人沉迷、墮落甚至危害社會，是在積極地造惡業；也有些事能改善心行，提升生命品質，於人於己都有利益，是在積極地修善業。

佛教是消極的嗎？

很多人認爲佛教是消極的。之所以形成這種看法，主要有以下原因。

首先是出家制度引起的。出家人要放棄世俗生活，放棄對家庭、感情、財富、地位的占有和執著。而中國的傳統觀念是以成家立業爲人生大事，以傳宗接代爲盡孝之本，進一步還要榮華富貴，光宗耀祖。從這個標準看，放下是消極的，追求功名才是積極的。

其次是生活方式引起的。世人熱中的無非是吃喝玩樂，尤其在今天，整個社會不斷鼓動欲望，刺激消費，讓人耽於現實和虛擬世界的雙重享樂。但出家人素食獨身，少欲知足，很多人對此感到不解，覺得佛弟子不熱愛生活，與時代格格不入，是典型的自討苦吃。

第三是處世態度引起的。世人都有強烈的我執，以自我爲中心，很容易和他人對立。尤其是接受達爾文物競天擇、適者生存的理論後，人們不斷地占有、攀比、競爭，形成衝突。包括個人和個人的衝突，團體和團體的衝突，乃至民族、國家之間的衝突。而出家人與世無爭，奉行忍辱法門，在世人看來無疑是消極的。

從世人的標準，認爲佛教消極，似乎不無道理。錯在哪裡？錯在這個標準有問題。當標準錯了，結論自然也是不可取的。

出家人雖然放棄對功名利祿的追求，但有更高的精神追求。出家人雖然放棄物質享樂，但追求究竟的解脫之樂。出家人雖然修習忍辱，但不是忍氣吞聲，更不是出於懦弱，而是以強大的心力，坦然接納人生中的一切。在不製造對立的前提下，以智慧解決問題。

所以說，消極和積極不可一概而論。如果局限於某個點去看問題，必然有失偏頗。只有從不同角度全面觀察，深入思考，才能做出正確選擇。而佛法正是從智慧的高度，爲我們指引方向。

明確目標，積極進取

那麼，佛教徒究竟是積極還是消極的？主要在於觀察角度。從世間生活來看，佛

弟子是消極的；就人生追求而言，佛弟子又是積極的。

佛教徒有明確的人生目標

在佛弟子熟悉的四弘誓願中，每個願力都是以無邊、無盡、無量、無上來形容，所謂「眾生無邊誓願度，煩惱無盡誓願斷，法門無量誓願學，佛道無上誓願成」，眞正體現了佛菩薩的廣大願心。這也是每一個佛弟子應當樹立的人生目標。常人的目標往往局限於個人或家庭，而學佛是學佛所行，不僅要追求個人解脫，還要幫助眾生離苦得樂。

佛教史上，無數高僧大德爲了傳播正法，捨生忘死。正是他們的不懈努力，才使佛法從印度傳到中國，乃至世界各地，使一代又一代人因爲聞法而受益。

唐代高僧鑑眞和尚爲了將佛法傳到日本，六次東渡，歷時十年，遭遇了世人難以想像的艱難。隨行弟子相繼被風浪和疾病奪去生命，他也因長路艱辛而失明，依然鍥而不捨，終於在六十六歲高齡時踏上異邦，成爲日本律宗的開山祖師。是什麼支撐著他，一次次向茫茫大海出發？正如他自己所說：「傳法事大，浩淼大海何足為懼？」在他決定東渡伊始，便已將生死置之度外，才不會被挫折阻撓。他所憑藉的，正是為法忘軀、普渡眾生的積極追求。

佛教徒要研究經教，探索真理

學佛是追求眞理的過程。只有積極研究經教，才能樹立正見，依法修行，探索人生眞諦。且不說佛陀在因地時為求半偈捨身的壯舉，及菩薩們剝皮為紙、刺血為墨的願行，翻開《高僧傳》，每一位前賢都為我們樹立了榜樣。

當年，玄奘三藏在東土遍訪各地善知識後，有感於漢地流傳的經典尚欠完備，毅然踏上西行求法之路。在那個年代，西去印度談何容易，往往是「去者成百歸無十」。在人跡罕至的戈壁、雪山，他無數次死裡逃生，終於來到聖地，在當時的佛教最高學府那爛陀寺學習十餘載。玄奘的博聞強記和縝密思辯使印度各宗為之嘆服，聲譽之隆，一時無雙。但他學法是為了將這一智慧傳回東土，所以再次克服萬難回到漢地，開始了中國佛教史上規模空前的譯經事業。玄奘的一生都在積極研究經教，以探索眞理爲己任，眞正體現了大乘行者救世之眞精神。

身爲佛弟子，我們也要見賢思齊，承擔內修外弘的使命。因爲佛法智慧是具有普世價值的，是一切眾生都需要的。並不是就我們有困惑，別人沒有困惑；就我們要覺醒，別人不需要覺醒；就我們要斷煩惱，別人不需要斷煩惱。事實上，芸芸眾生都有困惑和煩惱，只是無暇顧及或尚未意識到。古往今來，東西方哲人都在探尋生命眞諦。我是誰？生從何來，死往何去？活著爲什麼？對於這些終極問題，如果沒有佛陀證悟的智慧，僅僅靠玄想，我們是無法找到答案的。

所以，不論基於自身需要，還是芸芸眾生的需要，我們都要積極研究經教，探索眞理。雖然今天有了便利的學法條件，但在尋找眞理的道路上，我們依然要以生命去踐行，鍥而不捨。

佛教徒要明辨是非，止惡行善

人間有善惡兩種力量，所以自古就有「性本善」和「性本惡」之爭。孰是孰非？從佛法角度來看，人性既不是善的，也不是惡的，而是兩種力量的共存和博弈。學佛就是要止惡行善，正所謂「諸惡莫作，眾善奉行，自淨其意，是諸佛教」。這一偈頌出自《法句經》，是過去七佛對弟子們的教誡。當年，白居易向鳥巢大師問法時，大師也是以此偈作答，可見其重要性。佛法博大精深，但在具體行持中，無非是斷除不良心行，長養慈悲智慧。

聲聞乘強調止持，重點在於「諸惡莫作」，這麼做本身也是一種行善方式。如果每個人都不殺生，我們就不會受到傷害；如果每個人都不偷盜，我們就不會被巧取豪奪；如果每個人都不邪淫，世間就少了許多糾紛；如果每個人都不妄語，我們就不必擔心受騙；如果每個人都不飲酒，保持清醒，很多悲劇就可以避免。進一步，還要斷除貪瞋癡和無明我執，從根本上消除負面心行。

而菩薩道更強調「眾善奉行」，不僅要以持戒利益眾生，還要主動行善。所以在菩薩戒中，除了攝律儀戒，還有攝善法戒、饒益有情戒。善事不論大小，都應隨分、隨力、隨時去做。就像觀音菩薩那樣，「千處祈求千處應，苦海常作渡人舟」。只要眾生有困苦，就爲他們分憂解難，並對所有眾生視如己出，哪裡需要就去哪裡，不分親疏，不求回報。這才是佛菩薩的無緣大慈，同體大悲。

不論是止惡，還是修善，都離不開積極的心態和行動。這不是一時的心血來潮，而要盡未來際地努力。

佛教徒要完善人格，濟世渡人

我們希望像佛菩薩那樣濟世渡人，就要積極完善人格，從克服煩惱做起。眾生之所以流轉生死，正是因爲內心的無明，而外境只是助緣。如果沒有貪欲，我們就不會被名利牽引，成爲欲望的奴隸；如果沒有瞋恨，我們就不會被逆境所轉，受第二支毒箭傷害；如果沒有愚癡，我們就不會看不清人生方向，糊裡糊塗地跟著感覺走。

學佛是一項生命改造工程，是把現有的凡夫人格，改造爲佛陀那樣圓滿斷德、智德、悲德的生命品質。所謂斷德，是斷除無始以來的煩惱雜染，使人格得以完善，這正是濟世渡人的基礎。因爲佛菩薩對眾生要言傳身教，既要說法渡人，還要以自身德行攝受眾生。所謂智德和悲德，就是圓滿的慈悲和智慧。比如菩薩行布施時，不僅要三輪體空，還要難捨能捨。布施如此，六度萬行莫不如此。爲了利益眾生，犧牲一切都在所不惜。可見，行菩薩道就意味著徹底的奉獻，而且要盡未來際無有間斷，廣渡眾生無有疲厭。

不論哪種修行，都要戰勝無始以來的串習，就像一人與萬人戰，必須積極向前。佛教中有一種披甲精進，就像戰士在戰場上身披鎧甲，衝鋒陷陣。而修行要面對的敵人來自內心，只有戰勝心魔，才能走出迷惑。所以說，人生最大的敵人是自己，而不是其他。

總之，佛弟子要以佛菩薩爲榜樣，明確人生目標，積極追求眞理，傳播正法。從這個意義上說，佛教徒的人生態度無疑是積極的。世人之所以認爲佛教消極，只是以

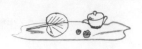

他們的感覺來衡量，並不了解佛教徒的追求，不知道佛教對人生和社會的價值。

悲觀還是樂觀？

到消極和積極，離不開另一個話題，那就是悲觀和樂觀。兩者的相似在於，消極往往和悲觀互爲因果，積極往往和樂觀互爲因果。區別在於，消極、積極主要體現在處事態度和行爲方式，而悲觀、樂觀則體現了我們的人生觀和世界觀。可以說，是一種人生的底色。

悲觀、樂觀的定義和產生

悲觀和樂觀的表現

關於悲觀和樂觀，常聽到的比喻是：桌上有半杯水，悲觀者看到「空了一半」，因而感到沮喪；樂觀者則看到「還有半杯」，因而感到滿足。同樣的對境，因爲不同的心態，帶來了截然相反的感受。從這個角度看，似乎悲觀是不可取的。但從古至今，很多哲學家從更深的層次觀察人生，卻得出悲觀的結論。

叔本華就是其中代表，他認爲：「生命是一團欲望，欲望不能滿足便痛苦，滿足了便無聊，人生就在痛苦和無聊之間搖擺。」可以說，這正是多數人的眞實寫照。欲望是生命的本能，它沒被滿足時，人會因爲痛苦、希求而追逐，疲於奔命；一旦滿足後，又會很快感到厭倦，必須再次追逐新的欲望。人生就在這樣的輪迴中被消耗，除了短暫的滿足，看不到什麼意義。所以叔本華還認爲：「人生如同上好發條的鐘，盲目地走。一切只聽命於生存意志的擺布，追求人生目的和價值是毫無意義的。」

除了由哲學思考帶來的悲觀，普通人也會因性格、教育、人生境遇等形成悲觀，且往往和消極密切相關。相對於前者，這種悲觀屬於淺層的，更容易改變。

樂觀同樣有深淺兩種層次。如果因爲生活順利等外在因素帶來的樂觀，往往比較脆弱。可以說，只是一種近似的樂觀，本身是沒有根的，接近俗話所說的「傻樂」。這種樂觀需要順境支持，一旦遇到挫折，很難繼續保持，甚至會因缺乏抗壓能力，迅速轉爲悲觀。這是我們需要警惕的。

眞正意義上的樂觀，是了知一切事物都有正反兩面。在此基礎上，選擇從正向的角度看問題。這是屬於有智慧的樂觀。具備這種能力後，不論遭遇什麼，都能發現其中積極的一面，而不是被外在境遇影響。

悲觀和樂觀的產生背景

可見，悲觀和樂觀都有深淺兩個層面。

深層的悲觀，是來自對生命的思考和追問。因爲找不到人生價值，不知道活著的意義，看到的多是人生的無奈、卑微和苦難。這種悲觀不是名利、享樂等外在因素可以改變的。所以不少有思想的人，如哲學家、文學家、藝術家等，在功成名就後依然痛苦，甚至走上絕路。他們看到了人生的荒謬和虛幻，卻找不到解決之道。人終有一死，如果死亡會結束這一切，從某種意義上說，生命就毫無價值。

西方有個諺語說，如果人生只活一次，就等於沒活。如果活一次，就算活一萬年又怎麼樣？也很快會過去。恐龍曾在地球生活一億五千萬年，稱霸世界，卻在六千萬年前徹底滅絕，只有化石才能證明它們的存在。同樣的，不論我們現在有多少財富和事業，不論多麼位高權重、名滿天下，如果只活一次，幾十年過去後，一切就會隨著死亡而結束。而在百千億萬年的歷史長河中，再風光的一生，也渺小得如同塵埃。這樣的生命，有什麼價值？

人生在世，需要意義的支撐，這也是我們活著的理由。當然，有些人對生命沒什麼思考，只要像其他人那樣，成個家，生個孩子，做個事業，就可以知足。最大的理

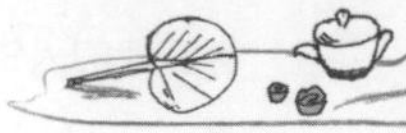

想，無非是生活更加富足，孩子出人頭地，事業一帆風順。他們甚至不覺得人生還有更多的意義：大家不都這麼過嗎？還要怎樣？但對有思想的人來說，很容易看透這些外在事物的短暫和虛幻，必須找到生命的意義才能安心。關於這些終極問題，如果沒有大智慧，是很難找到答案的。上下求索而不得，殫精竭慮而無果，悲觀在所難免。

佛教所說的「人生是苦」，也往往讓人將它等同悲觀。叔本華的悲觀，就被認爲是受佛教思想的影響。其實這一認識是片面的。「苦」只是一種方便說，是針對凡夫而言。因爲凡夫的生命本質是無明惑業，所謂「舉止動念，無不是罪，無不是業」。但佛教又告訴我們，生命還有另一個層面。如果擺脫無明，斷除煩惱，就能回歸本具的覺性。

兩種說法並不矛盾。生命有迷惑的層面，也有覺醒的層面，就像烏雲和虛空。當虛空被烏雲遮蔽，似乎烏雲就是一切。其實虛空本身是澄澈的，當雲開霧散，我們才會看到它的本來面目。從迷惑的層面來說，生命本質是痛苦的，令人悲觀；從覺醒的層面來說，生命本質是清淨自在的，無須悲觀。

佛教是悲觀的嗎？

在很多人的印象中，佛教是悲觀的。這種誤解主要來自出家制度和某些法義。出家，古人稱為遁入空門。一個「遁」字，似乎訴說著走投無路、看破紅塵的無奈，以及心如止水、青燈古佛伴餘生的寂寥。這也是很多文學、影視作品傳遞的意象。所以在世人看來，出家是懦弱者的退縮逃避，失意後的悲觀選擇。

事實上，這完全是一種誤解。雖然出家者中確實有這些現象，但不是主流，更不是出家的本懷。佛陀當年身為王子，卻放下榮華富貴，選擇一無所有的出家生活。這麼做，正是為了實現更高的精神追求。因為他看到老病死的痛苦，看到世俗生活的虛幻和無常，看到生命蘊含著迷惑和煩惱。如果不解決這些問題，就找不到生命的意義。相對於隨波逐流的世俗生活來說，出家可謂逆流而上的勇敢選擇，絕不是出於悲觀和逃避。

至於讓人產生誤解的法義，主要是聲聞乘所說的苦、空、無常。世人對感情、事業、名利充滿期待，追逐三有樂，五欲樂，樂此不疲。但佛法告訴我們，以迷惑煩惱爲基礎的生命，其本質是有漏的，快樂只是痛苦的暫時緩解而已，轉瞬即逝。對於佛教所說的涅槃，很多人也有誤解，認爲是死亡的代名詞。其實，涅槃是要平息內在的迷惑和煩惱。佛教告訴我們，一切痛苦的根源，是來自錯誤認識和煩惱惑業。只有改變認識，消除煩惱，我們才能從輪迴苦海中解脫出來。這種否定不是悲觀，而是直面現實後的解決之道。就像治病，必須認識苦和苦因，並從根本上加以解決，才能恢復健康。

所以不論從出家制度還是佛教教義來說，都不是悲觀的。所謂的悲觀，只是人們從世俗角度產生的誤解。有道是：「出家乃大丈夫事，非王侯將相所能爲」。一方面，放下世間享樂需要魄力；另一方面，追求眞理更需要難行能行、難忍能忍的勇氣，需要一人與萬人敵的擔當！

如果說聲聞乘的否定，是對世間眞相如實而智慧的認識，那麼菩薩道的承擔，更是對眾生無盡的悲願！對大乘佛子來說，看到自身生命存在過患，就會推己及人，不忍眾生身處苦海而不自知，從而發菩提心，把利益眾生當作自己的使命。這不是一時的衝動，而需要盡未來際地實踐。如此的大慈、大悲、大願、大行，哪裡有絲毫悲觀！所以在民國年間的人生觀大討論中，梁啓超先生提出以佛教爲人心建設的準則，認爲菩薩的救世精神是「蓋應於此時代要求之一良藥」「乃兼善而非獨善」。

不悲不喜，如實知見

雖然佛教不是悲觀的，但我們不要因此覺得佛教就是樂觀的。事實上，悲觀和樂觀都是對人生的片面認識。佛教是幫助我們建立如實智，使認識符合世界眞相，那就是中觀。

佛教不是悲觀的

爲什麼說佛教不是悲觀的？

首先，佛教雖然認爲人生虛幻，告訴我們「一切有爲法，如夢幻泡影」，但不否定現象的存在。佛教以緣起看世界，發現一切都是因緣因果的顯現，是條件關係的假相，其中找不到獨存、不變、能夠主宰的實體。所以萬物既不是恆常的，也不是斷滅的。生命也是一樣，就像河流，從無窮的過去一直延續到無盡的未來。如果不了解輪迴，生命是沒有長度的；如果不了解心性，生命是沒有深度的。而佛法智慧既能幫助我們認識長度，也能開顯深度，引導我們在緣起的當下通達空性，是如實而非悲觀的認識。

其次，佛教雖然認為生命充滿迷惑，但也告訴我們，眾生都有自我拯救的能力。所謂迷惑，是對生命終極問題的茫然。因為找不到答案，就會活在自我感覺中，煩惱、造業、不能自拔。生命的出路在哪裡？學佛後才知道，在迷惑煩惱的背後，生命還有覺醒的潛能。釋迦牟尼佛在菩提樹下悟道時發現：我找到了古仙人道，過去諸佛都是沿著這條道路成就的。其後，佛陀說法四十五年，施設無數法門，引領眾生走向覺醒。所以佛教指出凡夫生命現狀的目的，不是讓我們悲觀沉淪，而是要喚醒世人，看到希望所在。

第三，佛教所說的菩提心和菩薩行，讓生命充滿意義，也在輪迴中開闢出一條光明大道。在這條路上，諸佛菩薩、祖師大德都是成功的典範。很多哲學家之所以找不到出路，因爲他們僅僅依靠理性，而理性是有局限的。佛教不僅重視理性和正見，重視止觀禪修，還透過發心和利他來消除我執，增長慈悲，是悲和智的共同成就。我們在佛陀指引下走上這條道路，追隨那些前行的成就者，還有理由悲觀嗎？

如果我們眞正了解佛教，尤其是菩薩道精神，就會知道佛教絕不是悲觀的。

佛教也不是樂觀的

那爲什麼說，佛教也不是樂觀的？因爲生命的前景雖然光明，但現實不容我們樂觀。

首先，以迷惑和煩惱爲本的人生是痛苦的。這在諸多佛典中都有說明，如三苦、八苦，乃至無量諸苦。大千世界不過是苦集之地，但世人由於無明，所見往往停留在表面，不曾觸及背後的眞相。我們以結婚成家爲幸福，不知這是束縛的開始；以生兒育女爲幸福，不知這是牽掛的開始；以事業有成爲幸福，不知道這是壓力的開始……面對人生的現實，我們無法樂觀。

其次，我們必須正視生命的無常。生命是脆弱的，死是一定的，什麼時候死是不一定的。死了會去哪裡？我們今世得到人身，有緣聞法。如果現在一口氣不來，對來生有把握嗎？如果現在不能做自己的主，一旦死亡來臨，更沒能力做主，只有隨業流轉。所以在修行成就前，我們無法樂觀。

第三，我們要看到三惡道的險境。無始以來，我們曾造下種種不善業，一旦業力成熟，就會落入惡道，長劫受苦。只要生命中還有煩惱惑業，我們將永遠在六道流轉。即使有幸做人，能否遇到善知識，能否聽聞佛法，都是未知。所以，生命的去向不容我們樂觀。

第四，即便修行有成，生死自在，但身爲大乘佛子，我們還承擔著濟世渡人的使命。看到眾生深陷苦海，我們於心不忍，發願救渡。但眾生剛強難調，不是你有心就能幫助得了的。看到菩薩行的艱難，看到眾生的冥頑不化，我們難以樂觀。

第五，我們還要正視末法時代的亂象。當今世界，天災人禍不計其數，我們居住的地球已被人類的貪欲破壞得滿目瘡痍，空氣、水源、森林、草原、山體，包括南北兩極，哪裡都有汙染，都在遭受破壞，甚至是不可逆轉的破壞。在這五濁惡世，觸目所及都是自掘墳墓式的險境。面對嚴峻的現實，我們無法樂觀。

中觀的人生態度

佛教修行重視中道，體現在人生態度上，就是不悲不喜的中觀。因爲悲觀和樂觀都建立在片面認識的基礎上。悲觀，易沉淪；樂觀，易冒進。佛陀在無數開示中告誡我們：要如實地看自己，看世界。既看到生命存在的過患，生起離苦得樂之心，同時也看到生命具有自我拯救的能力，對修行抵達的光明前景充滿信心。

怎樣建立中觀的人生態度？首先要具備正見。這也是八正道之首，必須遠離常見和斷見，所謂「不生亦不滅，不常亦不斷，不一亦不異，不來亦不出」。有了正見，生活上，既不放縱欲望，也不一味自苦；修行上，既要努力精進，也不過於緊綳，就像琴弦，不鬆不緊才能奏出妙樂。

我們對法義的理解也是一樣，不僅要看到字面傳達的意思，更要看到文字隱藏的內涵。這樣才能知其然且知其所以然，而不是以偏概全，錯解聖意。比如佛陀說「人生是苦」，並不是讓我們迴避或被動地接受痛苦，更不是讓我們悲觀厭世，而是在看到眞相後，不被眼前虛假的安樂所迷惑，從而找到痛苦之源，在根本上解決問題，離苦得樂。只有正視生命現狀，我們才能運用佛法智慧，積極改善生命，利益眾生。

禁欲還是縱欲？

出家人的形象是獨身、素食、僧裝，身無長物。而在原始僧團中，出家人更簡單到三衣一缽，乞食爲生。「一缽千家飯，孤身萬里遊」「一池荷葉衣無數，數樹松花食有餘」「千峰頂上一間屋，老僧半間雲半間」等禪詩，也從不同面體現了這種無欲無求的生活方式。所以，世人普遍認爲佛教是禁欲的。年輕人往往對學佛心存畏懼：學佛以後還能結婚嗎？還能過正常人的生活嗎？似乎學佛後就要與世隔絕，無欲無求。

其實這也是由來已久的誤解。因爲欲有不同內涵，並不僅限於物質。同時，佛教對出家、在家等不同修行者有相應的戒律，並不是人們以爲的，學佛就等於禁欲。那麼，佛教是如何看待欲望的呢？

什麼是欲？

欲，即需求。有來自生理的，也有來自心理的；有本能性的，也有社會性的。佛教中，把世界分爲欲界、色界和無色界，又稱三界。我們所在的是欲界，生活其間的眾生都被欲望主宰，爲滿足欲望日夜操勞，甚至賠上性命，所謂「人爲財死，鳥爲食亡」。

人類的基本欲望

從人道來說，欲望主要體現爲財、色、名、食、睡五種。財，是對財富的需求。

色，是對情和性的需求。名，是對名譽的需求。食，是對食物的需求。睡，是對睡眠的需要。常人每天要睡八小時左右，生命三分之一的時間都在睡眠中度過。

五欲中，又以食欲和色欲最爲突出，所謂「飲食男女，人之大欲存焉」。這也是人類得以生存並繁衍的基礎。經言：「一切有情皆依食住。」一般所說的食特指飲食，但這裡包括段食、觸食、思食和識食。段食即日常飲食，是滋養色身的主要條件；觸食即所接觸的外在環境，是生活質量的重要指標；思食即求生意志，也是活下去的動力；識食是執持生命延續的阿賴耶識。

每個人對欲望又有所偏重。愛財者，可以爲掙錢不擇手段；貪色者，可以爲美色失去理智；虛榮心強的人，可以爲名聲付出一切；貪吃如饕餮之徒，認爲享用美食才是人生至樂；而貪睡的人，爲了睡覺不惜浪費光陰。

五欲又建立在眼、耳、鼻、舌、身五根的基礎上，這是我們感受世界的五種管道。五根同樣對外境充滿強烈的欲望，眼睛貪著悅目的色彩，耳朵貪著動聽的音聲，舌頭貪著食物的美味，鼻子貪著芬芳的氣息，身體貪著舒適的環境。

除了這些生理欲望，還有來自心理的、社會性的欲望。其中包括對基本欲望的升級，比如追求名牌，追求感覺，以及爲跟上社會潮流產生的需求。一個人需要住多大的房子？幾十年前的標準就和現在完全不同。這種變化大多是來自心理需要，來自社會上的相互攀比。

此外還有純粹的精神追求，或來自信仰，或來自文學藝術等領域。這些同樣屬於欲望的範疇，所以才有精神食糧之說。如果沒有欲望，我們就不會上下求索地尋求信仰，也不會有創作作品的衝動，甚至沒有欣賞藝術的樂趣。那樣的話，人類歷史該是多麼乏味。

對欲的不同看法

應該如何看待欲望？是視爲洪水猛獸，嚴加禁止；還是視爲天賦人權，縱情享樂？自古以來，宗教師和哲學家們都有不同的觀點。

佛陀在世時，印度有九十六種外道，大多崇尚禁欲。他們認爲欲望是罪惡之源，

必須以折磨肉體來滅除欲望，才能淨化身心。佛陀修行之初，曾在王舍城外的苦行林中親見各種修法：有的忍飢挨餓，有的整天泡在水中，有的長年單足站立，有的赤身在烈日下曝曬……受此影響，佛陀也開始了長達六年的苦行，「或日食一麻，或日食一粟，身形消瘦，有如枯木」，甚至在尼連禪河沐浴時，因虛弱無法上岸。這使他認識到，極端的禁欲除了令身體羸弱，並不能增長智慧。

基督教同樣認爲欲望導致了人類的墮落。亞當和夏娃本來無憂無慮地在樂園中生活，卻在魔鬼誘惑下偷吃禁果，結果被逐出樂園。所以在基督教的道德規範中，欲望和虔敬、清淨的宗教生活是衝突的。人類必須克服貪欲，嚴格自律，才能令心聖潔。

除了宗教，哲學家是怎麼看待欲望的呢？安提西尼和第歐根尼是古希臘犬儒派哲學的代表，他們認爲欲望是導致一切痛苦的根源，提出「美德是知足，無欲是神聖」的主張，並親自實踐。他們所有的財產，就是一根棍子、一件外衣、一條麵包袋、一個喝水的缽。有一次，第歐根尼在河邊見到孩子用手捧水喝，深受啓發，索性連缽都扔了。

在早期儒家思想中，並沒有將欲望視為洪水猛獸，如荀子所說的「飢而欲食，寒而欲暖，勞而欲息，好利而惡害，是人之所生而有也」，還是肯定了人的基本所需。其後才逐漸重視欲望的危害，發展至宋明理學，更提出「滅人欲，存天理」，認為道德必在滅除欲望後才能顯現。

而西方在文藝復興運動之後，一反中世紀的神權禁錮，開始肯定欲望的合理性。認為飲食、睡眠、性愛都是人的本能，這些需要是正當的。人類完全有理由享受與生俱來的需求。對欲望的肯定和鼓勵，大大促進了西方科技和經濟的發展，但也帶來層出不窮的社會問題。

佛教怎麼看待欲望

佛教認為，從道德屬性上，欲望可分為善、惡和無記三種。

欲是生命延續的保障

人生在世有基本的生存需求，這也是人類社會得以延續的基礎。比如餓了要吃飯，渴了要喝水，睏了要睡覺，包括在家弟子的正當家庭生活等，這類非善非惡的欲望，佛教稱爲「無記」。只要保持適當的度，這些欲望並不會帶來什麼副作用，也不必刻意自苦其身。因爲色身就像工具，善加養護，才能有效使用，發揮更大作用。

佛陀當年也曾嘗試從禁食到閉氣等各種苦行，長達六年之久。但他並沒有因爲一味禁欲的苦行而覺悟，反而損害了身體。這使他認識到，盲目自苦對修道無益，好比緣木求魚，推舟於陸，不會有任何結果。所以佛陀接受了牧女的乳糜供養，恢復體力後，在菩提樹下精進禪坐，並最終證悟。

欲望的副作用

佛陀反對無益苦行，但更反對放縱欲望，時時提醒弟子要「少欲知足」。因爲從凡夫的本性來說，更傾向縱欲而非苦行，而且欲望會不斷擴張，主要表現爲占有、比較和競爭。

今天大多數人的生存問題早已解決，但欲望並未因此減少，反而在不斷升級：希望占有更多的財富，更高的地位，更大的名望，永無止境。除了占有，我們還會與他人攀比。有些人一生努力就是爲了出人頭地，卻沒想過，超過別人的意義在哪裡？這些無謂的攀比，只會使自己背上沉重的負擔。比較又導致競爭，這固然在一定程度上激發了人的潛力，促進了社會發展，卻使我們活得焦慮、緊張、疲憊不堪。

人們不停地占有、攀比、競爭，無非是想過上幸福生活。但對很多人來說，財富得到了，事業得到了，名聲得到了，享樂得到了，卻依然感覺不到幸福。因爲幸福是一種不穩定的感覺，和欲望密切相關。當欲望被滿足，才會產生幸福感。現代人的欲望越來越多，也越來越不容易被滿足，這就使得幸福成本變得特別高，活得特別累。我們在不知不覺中培養了很多欲望，當欲望上升到貪著時，痛苦就隨之而來了。

今天，人們擁有的物質已前所未有的豐富，多到需要不斷丟棄的地步，是不是就能過得幸福？如果一件物品就代表一個幸福的因素，那我們的幸福指數就該不斷攀升。事實上，物質帶來的幸福感正在衰減。在貧困的年代，人們吃上一餐美食都會心滿意足，念念不忘。但現在，吃多了只會覺得太累。西方心理學家的調查顯示，現代人得到嚮往已久的物品，或升職加薪，幸福感不會超過三個月。而下一次的幸福感，必須來自更好的物品，更高的職位，但人生能一直得到更好、更高的東西嗎？

當欲望不斷增長，人心就會焦慮、恐懼、缺乏安全感。一個人得到越多，對得而復失的擔心就越強烈。一旦所得發生變化，就會產生仇恨、對立、鬥爭等負面心理，痛苦也就隨之而來。問題是，世間一切都是無常的。我們貪著財富，可財富會貶值；貪著感情，可感情會變化；貪著地位，可地位會失去；貪著人際關係，可什麼關係都是靠不住的，所謂世間沒有永遠的朋友，只有永遠的利益。如果不放下貪欲，痛苦是永無止境的。

更有甚者，爲滿足欲望走上犯罪的道路。世間種種不法現象，究其根源，幾乎都出自貪欲，以及由貪而不得引發的瞋恨。爲了滿足欲望，不僅給自身帶來災難，也給他人和社會帶來災難。包括國與國的戰爭，往往也是覬覦他國資源引發的。

除了現世的影響，貪著也是造成輪迴的因。在十二緣起中，有情之所以有生和老死，直接的因就是「愛、取、有」。因為對需求對象產生貪愛，就會付諸行動，形成業果，將有情捆綁在輪迴中。所以我們要對欲望加以節制，盲目地占有、比較、競爭，只是在消耗生命，而不是享受生命，更不能提升生命品質。

善法欲是完善人格的動力

前面說過，欲是需求，本身是中性的，關鍵在於我們需求的是什麼。心理學家馬斯洛認為，人有五種需求，包括生理需求、安全需求、情感歸屬需求、尊重需求、自我實現的需求，還有超越自我的需求。可見，欲望也能成為高尚的精神追求。佛教中的善法欲，就是追求善法的願望。比如「我要解脫」「我要成佛，要幫助眾生解脫」，既是修行的目標，也是持久的動力。那麼怎樣才能建立善法欲？必須接受智慧的文化。

在聲聞乘修行中，首先要發出離心，即出離五欲六塵的願望。禪修有「欲、勤、心、觀」四要素，又稱四神足。其中的欲，就是「我要修行」的意願，這是禪修的重要前提。如果沒有這種意願，根本不可能開始修行，更談不上堅持。《大乘百法明門論》的五別境，是「欲、勝解、念、定、慧」，其中也以欲爲首，這是邁向解脫的動力。大家來參加靜修營，同樣是因爲「我要學習佛法，要解脫迷惑和煩惱，要追求智慧和眞理」的需求，這些都屬於善法欲。

在菩薩道修行中，則要發菩提心，包括願菩提心和行菩提心。願菩提心，是建立崇高的利他主義願望。只有在十方諸佛和一切眾生前確立這樣的願心，將其當作自己盡未來際的使命，才能進一步受菩薩戒，行菩薩行。此爲行菩提心，是建立在願心的基礎上，也是對願心的落實。

只有了解欲望的不同屬性，我們才能正確看待並加以引導，讓這一心理爲修行服務，而不是被煩惱所用。

少欲知足，自利利他

對物質無止境的欲望，不僅讓人辛苦，也不能帶來幸福。因爲心才是感受幸福的根本，物質只是輔助條件，所以佛教反對縱欲，反對本能性、物質性的欲望，但也不主張絕對禁欲。尤其是生存的基本需求，關鍵是適度。所以佛教提倡惜福，讓我們少欲知足。這樣既有利於生存，也有利於環境保護，而不是向大自然一味索取。

少欲知足是幸福人生的保障

中國過去就有惜福、惜物的傳統，但這短短幾十年來，人們的消費觀有了巨大變化。現在流行的是能掙會花，是舊的不去新的不來，甚至是貸款消費。尤其是年輕人，覺得只要自己有錢，或是能借到錢，爲什麼不花？這種觀念的背後，正是對欲望的縱容，而它帶來的後果也是觸目驚心的。近年來，年輕人因無力還貸而陷入困境、甚至走上絕路的新聞比比皆是，其中不少還是學生。他們之所以一錯再錯，起因往往

很小，只是爲了得到某個超出自己消費能力的物品，最後卻葬送了寶貴的生命。欲望的危害，實在令人痛心。

那麼在有能力承擔的情況下，就可以毫無節制地消費嗎？佛教中，「福盡死」屬於九種死亡原因之一。因爲福報就像存款，比如你的壽限本來可以到八十歲，但五十歲把福報提前用完，也就活不下去了。從另一個角度看，有些物品雖能帶來方便和享樂，但我們爲了得到它，卻要投入大量時間。而人生的每分每秒都是一去不復返的，從這個角度想，有些消費眞的是在消耗生命！

兩千年前，哲學家蘇格拉底曾面對繁華的集市驚嘆：「這市場有多少我不需要的東西啊！」隨著欲望的不斷升級，今天的商品多了何止千萬倍？但這種豐富不但沒有使人變得輕鬆，相反的，生活節奏越來越快，壓力越來越大，多數人甚至沒時間靜下心來想一想：究竟爲什麼如此忙碌？我們付出的努力，也許僅僅是換取一些本來可以不需要的東西，值得嗎？

其實，人類維生的所需並不多。如果生活簡樸些，就可以有更多閒暇充實自己，陪伴家人；可以讓自己慢下來，看花開花落，雲卷雲舒；可以讓自己放下負擔，找尋生命的終極意義。

少欲知足是保護環境的手段

人類在地球的生存，也有共同的福報。我們珍惜自己的福報，也是在珍惜人類共同的福報，保護人類共同的家園。欲望是無限的，但資源是有限的。人類爲了滿足欲望，向自然盲目索取，大量森林和耕地遭到破壞，使得水土流失，天災人禍頻頻發生，所以眾多有識之士都在爲環保奔走呼籲。

事實上，這是每個人應盡的責任，也是每個人難辭其咎的。就基本的衣食住行而言，不斷增長的欲望就是在破壞環境。其中，飲食方式造成的汙染不容忽視。據相關資料統計，美國每生產一磅肉類，需要使用兩千五百加侖的水，相當於一個家庭一個月的用水量；而肉食者所需的生活用水，達素食者的十二倍之多。此外，由飼養家禽產生的排洩物和廢水，對水資源的消耗和汙染，更是後患無窮。

人們對服裝的需求，也不單純是爲了禦寒。比如對皮草時裝的喜好，直接危害到動物生存，使大量動物因爲美麗的皮毛遭到捕殺，影響自然的和諧與生態平衡。我們對居住環境的要求也日益提高，即使在中國這樣的開發中國家，房產開發同樣毫無節制。尤其是近年，不僅城市向農村擴張，即使在鄉村，住宅也日復一日地侵占著耕地面積。而汽車的普及，在爲人們提供生活便利的同時，也成爲汙染空氣的罪魁，並帶來全球性的能源危機。

如果對欲望不加節制，必然會向自然索取資源，進而破壞環境。這是對未來的透支，也是在消耗子孫後代的福報，所以少欲知足對環保具有重要意義。

少欲知足是修行解脫的助緣

對修行來說，少欲知足更是必須遵循的生活準則。因爲欲望會無休止地追逐外境，使心不得自在。欲望越多，內心就越動蕩，由此而來的煩惱也就越多。如果任其發展，最終很可能失去理智，甚至失去道德，成爲修行路上的巨大障礙。

「戒爲正順解脫之本。」戒律的很多規範，都是佛陀爲弟子們去除干擾、安住修行制定的。奉行儉樸的生活原則，就不必爲了衣食住行耗費生命，可以把時間和精力用來修行，用來追求眞理。現代人都講究性價比，卻很少思考，投入時間就是投入生命，難道不應該考慮追求欲望的性價比嗎？不應該評估這項投入的產出嗎？

少一分欲望，就少一分牽掛，少一分修行路上的羈絆。所以，少欲知足是佛教對物欲的基本態度。與此同時，我們還要不斷激發善法欲，上求佛道，下化眾生。在放下一己私欲的同時，對一切有情建立無盡的悲願。

重生還是重死？

生和死，是人類無法迴避的永恆話題。今天的人已能上天入海，但面對死亡依舊束手無策。死了會去哪裡？生命就此終結了嗎？有人說，既然活著就還沒死，不必在乎；既然死了就無法思考，所以不必追問眞相，那只是庸人自擾而已。果然如此嗎？對時刻都在走向終點的我們來說，如果對死亡一無所知，能安然嗎？能走對人生路

嗎？當生命接近終點，我們能坦然面對嗎？回望來時路，我們能無愧於心嗎？當年，佛陀正是因爲目睹老病死的痛苦，才出家修行，探尋生命眞相。而在佛教修行中，念死無常、臨終關懷、超渡亡者都是不可或缺的重要內容。也有人因此認爲，佛教不重視生，只重視死。是這樣嗎？佛教所說的念死究竟有什麼內涵？

人生兩件大事

世間每天都有無數生命誕生，也有無數生命死亡。生和死是一期生命的開始和終結，貫穿了整個人生，具同等重要的意義。人類對於生死的認識，也建立在它們的相互關係上。孔子說，「未知生，焉知死？」其實逆向思維同樣成立：未知死，又焉知生？西方哲學家說，哲學就是死亡的練習，學哲學就是爲死亡做好準備。這並不是讓我們時刻模擬死亡，而是想到人終有一死，學會從另一個角度看待人生。正是死亡的必然來臨，才顯示出活著的價值，使我們珍惜生命。可以說，對生死的認識，直接關係到人生觀的確立。

重生和重死

有情都有求生的本能，螻蟻尚且偷生，何況人類？我們生活在世間，希望擁有更多的財產，更高的地位；希望事業成功，理想實現……這一切都是建立在生的基礎上，只有在活著的前提下才有意義。

從人類早期的生殖崇拜，到古代的煉丹術，以及今天層出不窮的保健品、養生術，都反映出人類對生的貪戀。因爲生就意味著希望，所以作家張承志說：「生命，也許是宇宙之間唯一應該受到崇拜的因素。生命的孕育、誕生和顯示，本質上是一種無比激動人心的過程。」擁有生命，才能創造無限的可能性。所以人們總是爲孩子的出生而歡慶，也會在面對疾病和災難時，爲挽救生命不惜代價。古人說：「救人一命，勝造七級浮屠」。其實很多人在施以援手時，未必是爲了某種功德，而是出於對生命的敬畏，不忍看到生命就此消失。

但生命是脆弱的。從我們出生開始，沒有一天不在趨向末日。年輕時或許還不能意識到時光無情，一旦步入老年，對死亡的恐懼再也無法迴避。「老來歲月增作減」，每過一年，便少了一年；每過一日，便少了一日。一口氣不來，轉息就是來生。人終有一死，人人平等，無法倖免。所以，這也是很多宗教關心的終極問題。或者說，正是出於對死亡眞相的探尋，才有了宗教。

基督教的信仰，是建立在永生的希望上。他們認爲塵世生活是虛幻的，天堂才是永恆的歸宿，並提出神化的永生，所以耶穌之死被宣告爲拯救。而信徒只要透過對上帝的虔誠祈禱，就能使死亡成爲通往不朽的起點。《聖經》中，上帝向子民宣告：「復活在我，生命也在我。信我的人雖然死了，也必復活。凡活著信我的人必永遠不死。」那麼，上帝眞的能夠賦予死亡以新生嗎？這種對永生的期待眞的會兌現嗎？

佛教只重視死亡嗎？

佛教是如何看待死亡的呢？爲什麼在人們的感覺中，佛教特別重視死亡？主要是出於以下四個原因。

首先，釋迦牟尼佛曾貴爲王子，盡享人間至樂，但看到老病死的痛苦後，深切認識到世間生活的虛幻，毅然捨俗出家，一心修道。可以說，被死亡觸動，追求不死之道，是佛陀走向解脫的動力。在某種意義上，也是佛教產生的重要助緣。這樣的起點，使人們將死亡和佛教連繫在一起，甚至畫上等號。

其次，在聲聞乘修行中，以證悟涅槃、成就阿羅漢果爲目標。而在很多人心目中，涅槃等同於死亡，只不過是聖者的死亡，比如佛陀離世就被稱爲涅槃。如果以證悟涅槃爲究竟，不正說明佛教重死而捨生嗎？事實上，涅槃包括有餘依涅槃和無餘依涅槃，重點是對煩惱的止息，對生死的超越，並不是死亡的代名詞。

第三，這種誤解和淨土宗的盛行有關。自東晉慧遠大師在廬山東林寺結蓮社創立淨土宗以來，西方極樂世界就成了許多學佛者嚮往的歸宿。這一法門的殊勝在於，可仰仗阿彌陀佛的願力，與純粹依靠自力的其他各宗相比，更能深入到普羅大眾。尤其是明清以來，其流傳之廣，可謂「家家阿彌陀，戶戶觀世音」，使人以爲學佛的重點就是求往生，求來世。

第四，經懺佛事起到推波助瀾的作用。元朝以來，經懺十分盛行。尤其在江浙一帶，寺院忙於超渡，幾乎失去教化大眾的功能。人們進寺院燒柱香，拜一拜，除了求現世平安，往往是因爲家裡有了喪事，才想到請出家人念念經，做場佛事。一來希望亡者有個好去處，二來對親屬也是個安慰。

基於以上原因，使不少人覺得佛教只關心死亡，只是爲亡者服務。這些觀點有一定的現實基礎，但也帶著對佛教的片面認識及某種歪曲。比如淨土法門提倡念佛往生，關心死後去向，但是這和基督教所說的進入天國本質上不同。淨土宗是在自力的基礎上，再藉助彌陀的願力，也就是說，他力必須透過自力才能實現。《彌陀經》告訴我們，彼國是「諸上善人集會一處，不可少善根福德因緣，得生彼國」。可見西方淨土不是想去就能去的，必須有福報，有德行，有善根。福報從哪裡來？從人間的修行來，從信願行三資糧來。

佛教關注現實人生

正確的理解是什麼？佛教對生死的認識，既不同於唯物主義者的斷見，也不同於其他宗教宣揚的永生。今生雖然短暫，但生命就像河流，無始無終，生生不息。生命還具有可塑性，可以透過修行加以改造。所以說，佛教首先關注現實人生，然後才重視死後歸宿。這種關注主要體現在以下幾個方面。

佛教重視人的身分

一般宗教認爲天堂才是最好的去處，但佛教認爲，生而爲人，尤其是得到暇滿人身，有緣聽聞佛法，比生天可貴得多。因爲天道只有享樂，令天人沉迷其中，無暇修行。問題在於，這種福報並不長久，一旦天福享盡，還要繼續輪迴。

相比之下，人間有苦有樂，就有離苦得樂的動力。而且人有理性，能透過聞思佛法、斷惡修善改造生命。所以佛法認爲，眞理和智慧屬於人間，終不在天上。我們的本師釋迦牟尼佛，就是在人間而不是天上成佛的。但得到人身並不容易，佛陀曾告誡弟子說：得人身者就像指甲裡的土這麼少，未得人身者就像大地上的土那麼多。指甲土和大地土，比例何其懸殊？機會何其難得？所以佛教特別看重人的身分，認為人身是生命的中轉站。六道中，地獄和餓鬼的眾生太痛苦，沒辦法修行；動物太愚癡，沒能力修行；天人太快樂，沒心思修行。只有人道，不論外在環境還是自身條件，都適合修行。我們要改變命運，乃至成佛作祖，都需要人的身分。

修行的當下就能受益

當下的概念，大家應該很熟悉，但其中究竟蘊含著多大的分量？佛教認為，生命就像瀑流，過去已經過去，無法改變；未來尚未到來，不知會發生什麼。我們能把握的只有當下。既然要重視當下，是否可以今朝有酒今朝醉？須知，無窮的過去以現在為歸宿，無盡的未來以現在為開端。我們現在的起心動念、語默動靜，都會影響到未來生命。我們希望未來有好的歸宿，也要從當下開始。這就必須明確人生目標，有願力，有規劃，知道自己想要什麼樣的人生，現在應該做些什麼。

很多人認為修行就是修來世，這是錯誤的。佛教強調現法樂住，就是告訴我們，修行的當下就能從中受益，身心安樂。生命是無盡的積累，我們每天踐行佛法，就在不斷改善生命。菩提書院學員在這方面應該深有體會，我們遵循三級修學和服務大眾模式，內心的煩惱和困惑在減少，智慧和慈悲在增加，心越來越開放，越來越歡喜。這都是走向解脫的表現。

什麼叫解脫？就是逐步解除無明惑業的束縛，最終解除生死的束縛。所以修行並不是要到死後才知道結果，在當下的現實人生，我們就可以體驗這種法喜，這種自在。生的時候可以做自己的主人，臨命終時才能做生死的主人。如果現在無力做主，是不可能在最後關頭了生脫死的。

重視現實人生的改善

近代太虛大師倡導人生佛教，提出「佛法是人生的大智慧」。在多年弘法過程

中，我也始終遵循這一理念，希望透過佛法的現代解讀，引導人們將這一智慧運用到生活的方方面面，從中受益。

佛教在流傳過程中，既有面向精英的哲學式佛教，建構了完整而深奧的理論體系，如漢傳佛教的天臺、華嚴、三論、唯識等宗派；也有面向百姓的民俗式佛教，通常就是求求拜拜，懂些因果道理。而對很多現代學佛者來說，既沒有精力鑽研過於深奧的理論，也不滿足於簡單的求平安。怎麼讓他們認識到這一智慧的殊勝，生起好樂之心？

人生佛教的定位，就是以通俗的語言解讀佛法，幫助大眾用這個角度認識人生，指導生活。雖然佛教各宗都有深奧的哲理，但目標都是幫助我們認識人生和世界，進而加以改善。事實上，所有問題都可以用佛法智慧來解讀。因爲世界的問題，歸根到底都是人的問題，是心的問題。而佛教自古就被稱爲「心學」，有理論，有實踐，可以幫助我們從各個角度認識並調整心行。人生佛教同樣如此。如果要說有什麼不同，就是以現實人生爲切入點，從當下的修行中成就解脫。

以解除眾生痛苦為使命

身爲佛教徒，我們不僅要解除自身問題，還要關愛眾生，以眾生的痛苦爲自己的痛苦，以眾生的需要爲自己的需要。大乘佛教提倡的六度四攝，就是利益眾生的方便。六度爲布施、持戒、忍辱、精進、禪定、智慧，四攝爲布施、愛語、同事、利行，都是以布施爲先，佛教稱爲種福田。世間的慈善事業主要是扶貧濟困，而佛教的布施不僅有財布施，還包括法布施和無畏施。因爲世人的痛苦形形色色，不是僅僅依靠物質就能在根本上解決的。

佛陀在因地時，爲救渡眾生出生入死，他是爲眾生而修行，爲眾生而成佛。很多人以爲拜佛就是恭敬，念佛就是修行，卻忽略了利他行，這就偏離了佛菩薩濟世的本懷。我們學佛，不僅要學習佛陀的所言，更要身體力行地實踐佛陀的所行。

佛經中對現實人生的關懷

佛法修行有人天乘、聲聞乘和菩薩乘之分，最終目標是引導我們成就菩提，但這離不開人天乘的基礎，離不開對現實人生的關懷。《藥師經》中，就講述了藥師佛對娑婆眾生的無限慈悲。他不僅滿足眾生的物質需求，「令諸有情皆得無盡所受用物，莫令眾生有所乏少」；還爲眾生拔除病苦，「若諸有情眾病逼切，無救無歸，無醫無藥，無親無家，貧窮多苦，我之名號，一經其耳，眾病悉除，身心安樂」；更進一步爲眾生消災免難，爲眾生莊嚴相貌，求健康得健康，求長壽得長壽。及至在眾生臨命終時，依舊不棄不離，根據眾生的願力幫助其往生十方淨土。

此外，《善生經》《十善業道經》等經典都是佛教關懷現實人生的體現。佛教認爲世界的原理可以歸納爲「因緣因果」四個字。命運發展不是神的旨意，而是取決於自己的行爲。佛陀只是告訴我們什麼事能做，什麼事不能做；告訴我們行善和作惡的結果，告訴我們離苦得樂的方法，但如何改造自己的命運，還得靠自己的努力修行。

佛陀就是以人身成佛的，不是神或上帝的使者。基督教中，人是由上帝創造的，命運完全掌握在上帝手中。而佛教認爲，佛和眾生的差別，只是在迷與悟一念間。每個人都可以從改善當下做起，透過修行開發本具的佛性。佛陀說法四十九年，就是爲了讓眾生獲得現世樂、來生樂、究竟解脫樂。所以說，佛教首先關注眾生當下的幸福，再以這個暇滿人身爲法器，使生命產生質的飛躍。

佛教重視死後歸宿

除了現實人生，佛教也很重視念死的修行，重視死後的歸宿。否則人很容易沉迷在對世間名利的追求中，完全忘記生命的終點。一旦死亡到來，因爲沒有任何思想準備，往往難以接受。或是覺得老天不公而痛苦沮喪，或是不知如何應對而茫然失措，或是在各種搶救中備受折磨。尤其是中青年，事業熱火朝天，人生無數計畫，突然間死神降臨，一切都要畫上句號。人們不甘放下現有的一切，對生無比留戀；不知死後去往哪裡，對死充滿恐懼。不想死，但不得不死。可能到這時候才會理解，爲什麼古

人把「好死」視爲五福之一。

因爲死是人生最重大的考驗，也是此生走到盡頭的最後考驗，能不能順利過關？離不開平日的修行功夫。如果時時提起念死之心，從這個角度審視人生，就不容易陷入眼前得失，從而對人生做出正確取捨。知道什麼是暫時的，過眼雲煙而已；也知道什麼是眞正重要的，必須牢牢把握。關於這個問題，佛教一方面是透過對死亡的憶念，幫助我們調整心態；一方面是透過臨終關懷等，幫助亡者順利提起正念。

念死可以珍惜人身，策勵修行

淨土宗祖師印光法師常年在寮房掛著一個「死」字，以此策勵自己，「當勤精進，如救頭燃」。因爲人很容易被眼前假象所迷惑，前日不死，昨日不死，今日不死，好像就可以永遠活下去，好像修行時間還很多，不用著急。事實上，死亡隨時可能到來。

明天和死亡哪個更遠？沒人可以確保。《寶鬘論》云：「安住死緣中，如燈處風內。」生命短暫脆弱，就像風中之燈，隨時會被業風吹滅。尤其是末法時代的眾生，命淺福薄，死緣者多，生緣者少。佛陀更是提醒我們：人命只在呼吸之間，一口氣不來，轉息就是來生。念死的目的，就是讓我們認識到人身難得，佛法難聞，抓緊現有的機會好好修行。

現代社會流行倒數計時，比如高考（編按：普通高等學校招生全國統一考試的簡稱，等於過去臺灣的大學聯考，現在的學測加指考，臺灣的高考則是指公務人員高等考試）倒數計時，提前一年就會開始，目的也是透過壓力來製造動力，讓考生們不敢懈怠。事實上，念死就是人生的倒數計時。它的壓力還在於，我們不知道剩下多少時間，只知道過去一天，就少了一天，你把握住了嗎？

人生是短暫的，但就是這有限的幾十年，我們好好利用了嗎？「少時心在父母，壯時心繫妻室，老則心憂兒孫」，留給自己的那麼一點時間，還是在追名逐利。死亡來到時才發現，我們消耗生命換取的財富和地位，我們爲之付出全部感情的親人，根本不能用來挽回生命。甚至連這個朝夕與共的身體也帶不走。

《菩提道次第略論》說：「能知暇滿大義利，則知悔作無意義事，能知難得此人身，則知悔作放逸事。能知死無常，則一切不利於死與法相違之事，絕不樂為。」有念死之心，才能生起捨世心；有捨世之心，才能生起求法意樂。有了法的指引，我們才能在每個人生階段做出正確抉擇，在每個當下都不空過。不論座上還是座下，不論修行聞法還是工作生活，心都能和善法相應。

透過臨終關懷給生命以指引

佛教非常重視臨終關懷，其意義主要有兩方面。對臨終者來說，能否在最後關頭安住正念，是蒙佛接引、順利往生的關鍵，直接關係到未來去向。雖然功夫主要靠平時積累，但在這一刻，四大分離的痛苦，業力現前的障礙，都會形成巨大的干擾，甚至使人功虧一簣。所以多數人並沒有十分的把握，這就需要他人的共同護持和成就。比如對臨終者進行心理引導，幫助他放下對生的留戀，提起對淨土的嚮往。同時和臨終者一起稱念佛號，強化信心，啓請阿彌陀佛的慈悲接引。

對助念者來說，臨終關懷則是策勵修行、踐行菩提心的良機。凡夫是很容易痲木的，僅僅在理論上念死，可能要不了多久就沒感覺了，這就需要透過不斷思維來強化。參與臨終關懷，是以活生生的實例提醒自己，死神隨時都在那裡等著，不知什麼時候就會把你抓走。如果沒有做好充分準備，一旦死神現前，我們會以怎樣的心態面對，未來會去哪裡，有把握嗎？

所以說，佛教既重視現實人生，也重視未來去向。因爲人生是修行的立足點，我們必須牢牢把握機會，以這個身分聽聞正法，精進修行。但今生是短暫的，而且輪迴路險，稍有不愼就會墮落。這就必須關注死後的歸宿，或是往生極樂，不再退轉；或是帶著願力再入娑婆，成爲來生修行的起點。而念死則介於兩者之間，既是爲了更加珍惜生命，也是爲了對未來做好準備，在這一天眞正到來時，能夠安然接納，視死如歸。

自利還是利他？

身爲社會的一分子，我們都有各自應盡的責任，佛弟子也不例外。遺憾的是，社會上不少人認爲佛教徒是自私自利的，指責出家人拋家別子，只圖個人清閒，不顧念養育之恩，不承擔家庭責任，不關心社會疾苦。雖然這些年來，隨著各種弘法活動的普及，這一印象已經有所改變，但難以從根本上扭轉。當一個人要出家時，父母會認爲他是忘恩還是報恩？社會會認爲他是逃避還是承擔？那麼，佛教徒究竟是自利還是利他的？關於這個問題，首先要從什麼是利益說起。

何為利益？

世人奮鬥目標不同，但都是爲了獲取利益，所謂「天下熙熙，皆爲利來；天下攘攘，皆爲利往」。從小處說，有情生存離不開物質基礎。不論古代的自給自足，以物易物，還是現在的工業生產，商品流通，都是對利益的獲取和交換。從大處說，個人的地位、權勢、榮譽，以及國家的資源、領土、主權，也屬於利益的範圍。總之，凡是能滿足自身欲望的事物，均可稱爲利益。所以對利益的追逐貫穿了整個人類歷史，並促進了社會發展，提高了人們的生活水準。

身爲佛教徒，同樣無法迴避利益。即使不事生產的出家人，也要具足「飲食、三衣、臥具、藥物」四事供養，所以有「法輪未轉，食輪先轉」之說。對寺院來說，一方面要保障出家人安心辦道，一方面要面向社會弘揚佛法，這都需要相應的建設和投入。

除了物質利益，佛教中也經常說到法的利益，包括現前利益和究竟利益。佛陀還經常告誡弟子們，在自己得到利益的同時，還要饒益有情，讓更多眾生受益。所以佛教並不避談利益，而且認爲利益和人生有著密切關係。那麼，我們應該如何看待利益？

義和利的關係

說到利益，離不開欲望和道德。如果說欲望是人類逐利的動力，那麼道德就是起到約束的作用。欲望是無止境的，對利益的追求也是無止境的。如果不加以規範，這種追求很快就會失控，進而導致一連串亂象，甚至是犯罪行爲。這種唯利是圖的危害，在今天比比皆是。可以說，每個人都是或多或少的受害者，也往往直接或間接地成爲施害者。那麼，利益和道德是否對立，是否如魚和熊掌般不可兼得？

早在春秋戰國時期，就有關於義利之辯的記載。《論語》中，有「君子喻於義，小人喻於利」之說，把義和利分別對應爲君子和小人，似乎是兩組完全對立的關係。《孟子》中，梁惠王對遠道而來的孟子說：你怎樣才能對我的國家有利？孟子卻認爲，如果只維護自身利益，諸侯間的矛盾會更趨尖銳，主張以道德治理國家，所以「王何必曰利」？這也使道德和利益形成對立。

而在儒家傳統文化的大環境下，人們是推崇道德的。如果兩者對立，就意味著要追求道德只能放棄利益。這就帶來一個弊端：有些人明明在乎利益，但也在乎仁義道德的形象，結果成了心口不一的僞君子。

那麼，義和利眞的非此即彼嗎？佛教認爲，關鍵是以什麼手段獲利。如果我們不擇手段地追求利益，那麼利益和道德確實是對立的。這樣的話，我們不僅會失去道德，獲利也不會長久。反之，如果我們遵循道德，如法求財，那麼兩者非但沒有衝突，而且所得利益會因爲建立在道德基礎上，能夠不斷增長。

比如我們在經營中講誠信，有愛心，考慮對方利益，爭取雙贏，對方必然願意和你長期合作。中國古人推崇貨眞價實，童叟無欺，這樣才能取信於人。那些流傳至今的老字號，包括國外的百年老店，無不是誠信經營的典範。這些規則在贏得社會認可的同時，也成爲他們的生財之道。可以說，這是利益和道德的雙贏，是做事和做人的雙贏，不僅使自己和他人得到利益，更能惠及未來。

總之，義和利並非對立，而是相互依存和增上的。道德是追求利益應當遵循的原則，而利益則是道德實踐的果實。求利而不忘義，才能使利益更長久。

佛教如何看待利益

佛教排斥利益嗎？

我們知道，佛陀當年是放棄王位出家修行的。在學佛者中，不僅出家必須成爲徹底的無產者，包括部分在家居士，也在學佛後放下事業，全身心地投入修行。有人因此認爲，佛教是不講利益，甚至排斥利益的。事實如何呢？

首先，佛教不排斥對正當利益的追求，尤其是在家人。透過合法途徑和辛勤勞動獲得的財富，經中稱爲淨財，可以在解決自己生活所需的同時，做爲造福眾生、廣修善行的資糧。前提是符合法律和戒律（道德）的雙重標準。從這一點來看，佛教徒特別要愼重選擇職業。有些居士熱心布施，樂於助印經書，建寺塑佛，卻不注意自己的職業是否如法。還有些人明明知道自己做得不對，不符合五戒，卻想當然地認爲只要拿些錢供養三寶，就可以將功贖罪。其實兩者各有因果，不能替代。如果不在因上調整，很可能是得不償失的。

除了有形的物質利益，佛教還重視善行的利益，重視無形的功德法財。所謂善行，不僅有益於自己，還有益於他人；不僅對現在有益，還能惠及未來。所謂功德法財，就是學佛的利益。《金剛經》中，佛陀就透過七次校量功德告訴我們：「若三千大千世界中，所有諸須彌山王，如是等七寶聚，有人持用布施，若人以此般若波羅蜜經，乃至四句偈等，受持讀誦，爲他人說，於前福德百分不及一，百千萬億分，乃至算數譬喻，所不能及。」簡單地說，就是讀誦受持《金剛經》，比任何布施獲得的利益更大。在《普賢行願品》《地藏王菩薩本願功德經》等經典中，也有類似說明。

智慧比財富更有價值。物質利益是有限的，即使再有錢，也未必沒有煩惱，未必能過得幸福。但一個有智慧的人，不論在什麼境況下，都是自在安樂的。不僅現前安樂，還能獲得究竟安樂，成就世間和出世間一切功德。明白這個道理，我們就能理解《金剛經》所說的利益了。

還有一點需要強調的是，佛教既提倡利益，又讓我們放下執著，也就是《金剛經》所說的三輪體空。首先是沒有布施的我相，沒有高高在上的優越感；其次是對受施者沒有愛瞋親疏的分別，一視同仁；第三是不計較物品貴賤，對方需要就慷慨施予。這樣的布施才是圓滿的。不執著利益，不等於沒有利益。相反的，正因爲不著相，所得利益才能廣大無邊，不可思議。

學佛僅僅是自利嗎？

在世人眼中，佛教徒四大皆空，除了個人修行，完全不關心社會。這種看法有失偏頗。佛教有小乘和大乘之分，又稱聲聞乘和菩薩乘。乘是指運載工具，聲聞乘就像小船，只能自己坐，偏向自利；而菩薩乘就像大船，能接引一切眾生到達彼岸，是自利利他的。這種區別主要體現在他們的發心，因爲發心不同，能夠利益的對象也不同。

聲聞行者發出離心，「觀三界如火宅，視生死如冤家」，急於證悟涅槃，不再輪迴，所以又被稱爲「自了漢」，似乎他們是完全不顧人間疾苦的。事實上，聲聞行者也修慈悲喜捨四無量心。在今天的南傳佛教地區，僧團依然和社會有著密切互動，在弘法利生、教化大眾方面起到了積極作用。之所以說他們偏向自利，只是和菩薩道的要求相比，他們沒有將利他當作自己不可推卸的責任，也沒有盡未來際利益眾生的願心。但這種自利，和世人理解的自私自利有著本質上的區別，這是我們特別要注意的。

而菩薩行者不僅要發出離心，斷除煩惱，更要在此基礎上發菩提心，以利益眾生爲使命。這種利他心是無限的，在空間上，遍及十方；在時間上，盡未來際。從某種意義上說，菩提心正是出離心的延伸和圓滿。

自利與利他

自利是一切從個人利益出發，利他則是處處爲別人著想。很多人以爲自利和利他是矛盾的，若是滿足他人利益，必然會損害自身利益，反之也是一樣。那麼，自利和利他是不是對立的呢？

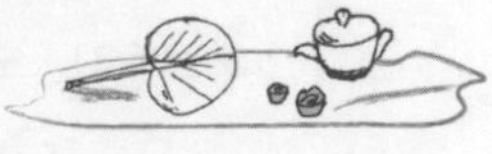

自私不等於自利

從社會的角度來說，正當的自利也是可以利益他人的。今天每個人的生存都必須依賴他人的勞動，同時，我們的勞動也在被更多的人分享。不論從事什麼職業，都彼此依存，相互利益。現在提倡的雙贏，同樣是自利和利他的統一。

但對某些人來說，自利就意味著多賺錢，爲此可以不擇手段，坑蒙拐騙。確切地說，這樣的行爲屬於自私，而不是自利。因爲這些行爲不僅會直接或間接地傷害他人，而且在製造不善的因，終究會讓自己承受苦果。如果爲了賺錢把心做壞了，這種損失是不可挽回的，遠比把身體做壞了更糟糕。因爲身體的使用壽命有限，但不良心行留下的種子，會在未來繼續產生作用，所以自私不可能自利，恰恰是自己害了自己，而且會危害未來。

眾生只知自利，不得解脫

眞正利益自己，必須有大智慧，否則很容易事與願違。明明爲自己做了很多事，機關算盡，反而給人生帶來更多問題。因爲在我們生命中當家做主的不是其他，是貪瞋癡，是錯誤觀念和混亂情緒，這就使得我們總是做出顚倒而非正確的選擇。

世人由於對我的執著，進一步執著我的錢財、事業、家庭，念念都以自我爲中心。只要對我有利，就不惜損害他人。如政界的勾心鬥角，商界的爾虞我詐，即使在被稱爲象牙塔的校園，現在也爲升級評鑑、爭取研究補助而明爭暗鬥，使心不得安寧。

也有人說，只要不損害別人就行了，爲什麼還要利他？他們雖然條件優越，卻只知揮霍享樂，終日消耗福報；或以守財爲樂，使財富失去應有用途。這麼做看似維護了自身利益，其實在精神上貧乏得可憐。而且總是擔心有人算計自己，患得患失，反而被錢財所累。

菩薩一心利他，得大自在

《菩提道次第略論》說：「我執是一切衰損之門，利他是一切功德之本。」個中原理，宗喀巴大師舉了兩個例子。眾生無始以來都想著自己，結果製造了無盡的迷惑和痛苦；佛菩薩一心想著眾生，以利益眾生爲己任，反而在利他中成就自己，圓滿慈悲和智慧。這就充分說明，自私未必能自利，無私才能自利。

我們爲眾生所做的一切，無不是在成就自己的道業。這就必須放下我執，以無我的胸懷接納眾生，把眾生的需要當作自己不容推卸的責任，實現「不爲自己求安樂，但願眾生悉離苦」的菩薩行願。

自利和利他是統一的

以前有句話說「毫不利己，專門利人」，並以此爲道德的最高標準。其實在佛教看來，自利和利他是統一的。佛教否定的是自私，並不是自利。

首先，利他必須建立在自利的基礎上。幫助他人需要智慧和能力，否則的話，非但不能給對方有效幫助，還可能讓對方起煩惱，自己也陷入其中，結果「泥菩薩過河，自身難保」。所以佛教不僅提倡慈悲，更提倡智慧。如果沒有智慧引導，只是出於感性的「濫慈悲」，很可能對自他雙方都沒有利益。所以菩提心（利他）必須以出離心（自利）爲前提，這樣才能在利他過程中保持超然的心態，看清各種因緣，因勢利導。

其次，究竟的自利必須透過利他來完成。正如《普賢行願品》所說：「一切眾生而爲樹根，諸佛菩薩而爲華果，以大悲水饒益眾生，則能成就諸佛菩薩智慧華果。」告訴我們，如果不利益眾生，將不能成就大慈大悲，不能成就佛果。

慈悲和智慧是菩薩道修行的兩大核心。通常，我們認爲利他可以長養慈悲，而智慧必須透過空性修行來成就。事實上，利他也可以破除我執，增長智慧。因爲我執就是對自我的錯誤認定，還會不斷複製和強化，使我們越來越找不到自己。學佛最難的就是破除我執，如果光靠空性禪修，不少人會用不上力。如果藉助純粹的利他行，在

關注眾生的過程中，我執也會不斷被弱化。

從這個意義上說，利他正是究竟的自利。這是佛菩薩以甚深智慧（亦名無上智慧）證悟後，爲我們指出的修行方法。如果處處以自我爲中心，既無法自利，更不能利他。就像父母和兒女之間，要麼把兒女寵壞了，養成種種不良習氣；要麼和兒女關係緊張，彼此不能正常溝通。這都是因爲缺乏智慧，不了解對方的需求，一味從自己感覺出發造成的。在社會上做慈善等，同樣需有智慧，否則就容易做得力不從心，甚至帶來更多的社會問題。

總之，佛教提倡自利和利他的統一，前提是有智慧，有慈悲。如果沒有智慧，自利尚且不能，遑論利他。如果沒有慈悲，最多就是隨緣利他，而不會當作自己不可推卸的責任。沒有廣大的利他心，也無法究竟地自利。所以佛陀才能在成就斷德後，成就智德和悲德，才能在自利後，進一步利益眾生，覺行圓滿。

出世還是入世？

寺院，向來是方外之地，紅塵不到；出家，則被稱為斬斷俗緣，割愛辭親。「古木無人徑，深山何處鐘」「曲徑通幽處，禪房花木深」等禪詩，也向人們傳遞了清涼、寂靜的出世氣息。在這些描述中，寺院和僧人彷彿有著某種超凡脫俗的神秘氣息。但今天的佛教界，不少道場正積極開展弘法、慈善、文化等事業，活動豐富多彩，內容與時俱進。且面向企業界、文藝界、心理學界等各個領域，在社會上影響甚廣。從這個角度看，寺院又像是教育機構，向民眾傳達人生的智慧，調心的方法。那麼，出家人到底應該是出世還是入世的呢？

探討這個問題前，首先要了解，佛教所說的「世界」是什麼。《楞嚴經》云：「世為遷流，界為方位。」遷流指時間，包含過去、現在、未來三世；方位指空間，包含東、西、南、北、東南、東北、西南、西北、上方、下方，又稱十方，兩者合稱十方三世。可見，世界就是時間加上空間。

我們平時說到世界，通常是指這個地球。而在佛經的描述中，世界之多有如恆河沙數，無量無邊。我們所在的娑婆世界，由欲界、色界、無色界構成。其中的生命種類包括天、人、阿修羅、地獄、餓鬼、畜生六道，大多屬於欲界，還有部分天人在色界天和無色界天。

有情會看到什麼樣的世界，取決於自身的認識能力。從人類來說，就是六根和六識；即眼睛看到的，耳朵聽到的，鼻子聞到的，舌頭嘗到的，身體接觸到的，思維認識到的。也就是說，我們只能看到自己認識範圍內的世界。但透過感官認識的部分非常有限，並非世界眞相。

比如我們年少時看到的世界，一定和現在不同，因爲你的認識能力改變了。此外，受過不同教育，從事不同職業，具有不同生命經驗等，都會影響我們認識世界的深度和廣度。古人說「讀萬卷書，行萬里路」，就是透過這兩個途徑，幫助自己盡可能地拓寬眼界，提升對世界的認識。

大衆對世界的態度

對世界的態度，就是一般所說的世界觀。很多人覺得這個概念有些抽象，屬於哲學問題，似乎和現實人生關係不大。事實上，這種態度會直接影響到我們的選擇和行爲。一個人說什麼，做什麼，都不是無緣無故產生的，而是來自思想認識。追根溯源，就是我們的人生觀、世界觀和價値觀。三觀雖有不同側重，但在根本上是一致的。如果認識有偏差，就會使我們做出錯誤的選擇，不當的行爲，所以正確的世界觀非常重要。

那麼，大眾對世的態度是怎樣的呢？下面介紹兩種比較有代表性的觀點。

貪著

凡夫對世界充滿貪著。首先對自我的貪著，這也是人類的最大貪著。其次是對財富、地位、家庭、感情，以及我們所擁有的一切貪著。佛教中稱爲我和我所。

佛陀悟道後發現，世間一切都是緣起的假相，條件具備就存在，條件敗壞就消失，所謂「諸法因緣生，諸法因緣滅」。「我」的存在也是一樣，不過是色、受、想、行、識五蘊的和合。但凡夫因爲無明，會把種種非我的東西執著爲「我」，比如以身體代表我，以身分代表我，諸如此類。其實這些和我們只有暫時的關係。

爲什麼我們會把這些當作「我」的存在？因爲把自己丟了，所以才會四處抓取；又因爲不了解自己的本來面目，所以才會尋找各種替代品，卻信以爲眞。成立「我」之後，我們還需要進一步尋找支撐，要財富，要感情，要家庭，要人際關係，把和我有關的一切執以爲我所。有了這份認定之後，執著隨之而生，形成深深的依賴。

既然這些代表「我」的存在，就意味著它們很重要。一旦失去，「我」就會受到影響，甚至徹底倒塌，所以我們希望與己有關的事物永恆不變。但世間是無常的，這個眞相會不斷衝擊我們的設定，讓人看到，一切都是暫時的，都要經歷成住壞空的過程。這些變化本是正常的，就像春去秋來，花開花落，但因爲有了永恆的幻想，我們就會擔心失去，變得焦慮而沒有安全感，也就是《心經》所說的恐怖、掛礙、顛倒夢想。

在這個世間，每一秒都有人出生，有人去世，有各種事故甚至災難發生，但未必會對我們產生多少影響。能夠影響我們的，只是那些和我們有關的，尤其是我們貪著的部分。貪著的對象越多，受到影響的機率就越高；貪著的程度越強烈，帶來的煩惱就越重。

厭離

和貪著相反的是厭離，對什麼都沒有興趣。比如近年流行的「喪文化」，就是指年輕人沒有目標，失去希望，頹廢而麻木地生存著。爲什麼這種非主流的狀況會逐漸普及，甚至成爲時代病？

首先，追逐五欲是很辛苦的，一旦享樂超出所需，就會帶來身心兩方面的負擔。正如老子所說，「五色令人目盲，五音令人耳聾，五味令人口爽，馳騁畋獵令人心發狂」。在今天這個物質極爲豐富的時代，人們一方面被物質所刺激，一方面也因太多的刺激而疲憊。其次，現代社會的生活水準日益提高，生存壓力也隨之增長。由於競爭激烈，很多人在生活和工作中屢屢受挫，求而不得，不免走向另一個極端。第三，有人生性清高，看到世間的汙濁，出於對自我的保護，與社會保持距離，不願同流合汙。第四，因爲看到世界的荒謬和生命的虛幻，覺得追求什麼都沒意義，沒興趣，甚至找不到活著的理由。

其實這兩種態度古已有之，只是在今天表現得特別突出。

宗教對世界的態度

其他宗教的態度

那麼，其他宗教是怎麼看世界的呢？西方的基督教認爲，塵世是短暫而虛幻的，天堂才是永恆的歸宿。生活在世上，要信仰上帝，多行善事，最後就能進天堂，得永生。

而在東方的印度，婆羅門教已有三千多年歷史，後演變爲印度教，流傳至今，屬於主流信仰。此外還有各種宗教，佛陀在世時就有九十六種外道。這些宗教有不同的修行方式和宗教體驗，但主要是以輪迴與解脫爲核心。一方面對輪迴做出解釋，一方面提出如何解脫的方法。這些宗教普遍認爲世間是痛苦而虛幻的，所以都有一種出世情懷。

佛教的態度

因爲佛教的出家制度，很多人覺得佛教是厭世的，否則爲什麼要放棄世俗的享樂和追求？在各種文學作品中，也往往把出家之因歸爲仕途失意或感情挫折。這種現象當然存在，但以此判斷佛教厭世，則是失之於片面。

因爲眞正的出家絕不是遇挫後的無奈躲避，而是看到世間眞相後的主動超越。凡夫因爲無明惑業，都活在貪瞋癡的串習中。這是心靈世界的三大病毒，早已成爲主導，源源不斷地製造痛苦，製造生死，製造輪迴。出家是基於對未來生命的負責：我要擺脫無明，證悟眞理。爲此，必須放下貪著，排除干擾，全身心地精進修行。這需要極大的智慧和勇氣。

古人說：「出家乃大丈夫之事，非將相所能爲。」因爲將相只需要戰勝敵人，而出家是要戰勝自己的凡夫習氣。而人生最大的對手不是別人，正是自己。爲了達成這個目標，必須忍常人所不能忍，行常人所不能行。尤其在今天這個物欲橫流的時代，誘惑無處不在，修行比任何時代都艱難得多。

但我們要知道，佛教所說的放下，是對貪著的出離，不是厭世，不是和世界斷絕關係，而是獲得超然的心態，所謂「處世界，若虛空，如蓮花，不著水」。可見出離和厭世的根本不同在於，出離是積極的，主動的；厭世是消極的，被動的。

以出世心做入世事

對大乘佛子來說，不僅要發出離心，還要發菩提心；不僅要成就智慧，斷除煩惱，還要成就慈悲，廣渡眾生。慈是與樂，眾生缺乏快樂，菩薩就幫助眾生獲得快樂；悲是拔苦，眾生深陷苦海，菩薩要幫助眾生擺脫痛苦。

菩薩不僅要修慈悲，還要成就觀音菩薩那樣的大慈大悲。每個人都有或多或少的慈悲，所以我們對慈悲的修行往往不太以爲然，覺得沒有多少難度，不是禪修那種聽起來就特別吸引人的方式。事實上，慈悲的修行並不容易，眞正的難度是在於這個「大」。要「大」到什麼程度？是對一切眾生心懷慈悲，沒有任何眾生不是菩薩慈悲的對象。只要還有一個眾生是你不願幫助的，就說明慈悲尚未圓滿。

當然這並不意味著，菩薩能把一切眾生從痛苦中拯救出來。因爲幫助眾生需要因緣，即使菩薩發心利他，對方還未必願意，或是其他因緣不具足。所以關鍵在於，自己能對一切眾生發起利他心，這是主觀因素，也是檢驗修行的標準。大慈大悲的另一種表述，是「無緣大慈，同體大悲」。所謂無緣，是對眾生平等看待，沒有親疏之別；所謂同體，是把眾生和自己視爲一體，沒有彼此之分。

這種慈悲是基於空性慧產生的。菩薩了知一切如幻如化，沒有我，也沒有我所，才能對眾生生起清淨無染的廣大慈悲，才能深刻感受到自己和眾生是一體的，不遺餘

力地幫助對方，但內心沒有我相，沒有眾生相。《金剛經》說，菩薩要渡一切眾生，不論胎生、卵生、濕生、化生，還是有色、無色，有想、無想，非有想、非無想……都是菩薩救渡的對象。但在菩薩內心，實無眾生得滅度者。也就是說，既要渡化無量眾生，又不會執著眾生的相。如果沒有這個境界，就很容易被事相所轉。

所以說，利益眾生必須具備兩個要點。一方面要發心純正，純粹是爲了幫助他人，不是爲了沽名釣譽，或是爲了任何其他目的而做；一方面還要有智慧，雖然傾力幫助眾生，但內心是超然的，沒有我相，沒有被幫助者，也沒有幫助他這件事。站在這樣的高度，才是圓滿的菩薩行，是沒有任何副作用的。否則，雖然我們做的是利他善行，也可能做得苦苦惱惱，難以爲繼。這正是菩薩行和世間慈善的根本區別。

所以，佛弟子既要有出世的超然，通達有爲法的虛幻，同時還要對眾生有無限的慈悲，積極入世。沒有出世之心，入世就會被五欲六塵所染，處處掛礙，不能自拔；沒有入世之心，就不能踐行菩薩道的慈悲，不能彰顯大乘佛教的眞精神。

無情還是多情？

佛教把人類以及所有的動物、微生物等，都叫做有情，就是有情識，屬於有情的範疇。情，是人類最爲重要的心理之一，也是藝術作品中長盛不衰的主題。從文學到音樂、繪畫、雕塑等，人們以各種形式抒發並傳遞情感。包括那些紀念性建築，也被賦予表達情感的功能。古今中外，世界各地，雖然人們的語言不通，文化背景不同，但並不妨礙我們觀賞藝術作品，也不妨礙我們心生共鳴，爲之感動。因爲其中蘊含的情感是相通的，是超越時空的。

情為何物？

中國古人重視「知情意」。知是思想認識，情是情感，意是意志。現代社會考量一個人能否成功，一開始覺得智商和意志很重要，後來才發現情商更重要。有人智商很高，意志堅強，卻不會和人相處，就會給自己的職業規劃和成長道路帶來種種障礙。情商是認識和管理情緒的能力，具備這樣的善巧，和人相處時就能保持合適的狀態，使對方如沐春風，心生歡喜。

關於情，我們常說的有七情六欲。七情，是喜、怒、憂、懼、愛、憎、欲七種主要情緒，儒家、中醫和佛教的說法大同小異。六欲，是由眼、耳、鼻、舌、身、意六根產生的身心需求，也屬於情的範圍。情不僅是今生的重要內容，讓人歡喜讓人憂，也是輪迴的關鍵，所謂情不重不生娑婆，愛不深不墮輪迴。

此外，感情也因對象不同而有區別。首先是物情，是對物品和生活環境的感情。我們會對自己擁有的東西、居住的環境產生感情。其中包括對這個對象本身的感情，也包括由此引發的對某段生活的感情。這種感情有趨新和戀舊兩個面向。趨新自不必說，是多數人的本能。但戀舊者也大有人在，所以才會有那麼多人喜歡收藏老物件，而鄉情也是自古以來被人用各種方式記錄並懷念的。

其次是人與人之間的感情，包括親情、友情、愛情等。親情帶有血緣關係，是人來到世間自然形成的，相對來說也是最穩定的，所謂血濃於水。友情是朋友之間的感情，有從小相伴的少年情誼，有為共同理想走到一起的志同道合者，也有因緣甚深的忘年交，還有高山流水遇知音的心靈相契。至於愛情，通常是所有感情中最強烈也最易變的。這在古今中外的文學、影視作品中都有大量描述，也是人們重要的生活經歷。

情構成了世間生活的常態。人在建立各種感情的過程中，又會生起深深的貪著，從而演化出無數的悲歡離合、愛恨情仇。

佛教怎麼看待情愛

在佛教看來，情有以下幾個特點。

第一是癡，就是無明，看不清楚。有個詞叫「癡情」，可謂一語道破。因為癡，所以沒道理可講。有道是「情不知所起，一往而深」。古往今來，多少癡男怨女為了一個情字，萬般痛苦，甚至走上絕路。因為這些情是建立在妄心基礎上的，如果缺乏智慧，是很難看清眞相的。如果自己不想醒來，也很難接受別人的規勸。

第二是貪，具有黏著的特點。不論對戀人，還是親人、朋友的感情，你在愛對方的時候，同時也在建立對愛的需求；你說「我愛你」的時候，其實在告訴對方「你也要愛我」。投入的感情越多，由此產生的需要和期待就越高。男女之間是這樣，父母對兒女也是這樣。愛之所會成爲束縛，就是因爲黏著像膠水那樣，把雙方綁在一起。

在不斷投入感情的過程中，黏著程度會隨之增加，對愛的需求也在增加。當你對他人有一分的愛，內心會建立一分的需求；有十分的愛，會建立十分的需求；有一百分的愛，會建立一百分的需求。這些需求必須透過對方的回饋，才能得到滿足和平衡。但隨著需求的不斷提升，得到同等回饋的機率就越低。當付出和所得之間的懸殊越來越大，痛苦就隨之降臨了。

第三是我執，是從自我出發的一份占有。尤其是父母對兒女的愛、以及男女之間的愛情，特別容易引發占有欲，進而是控制欲。這是破壞彼此關係的大敵，也是直接引發痛苦的導火線。因爲控制會帶來反叛心理，並進一步造成衝突。同時會因爲害怕失去，帶來焦慮、恐懼、胡思亂想等各種負面情緒。一旦這種關係發生變化，還會因爲對方的「背叛」激起瞋心。這種因愛生恨的悲劇，世間已經發生太多了。

佛陀在菩提樹下悟道時發現，生命延續有十二個環節，即十二緣起。其中最重要的力量就是無明和愛取。無明是輪迴之本，由此引發其後的一連串問題。那麼，愛取起到什麼作用呢？有情投胎來到世界，是透過眼、耳、鼻、舌、身、意六個窗口接觸外境。六根面對色、聲、香、味、觸、法六塵時，我們會產生不同覺受。如果在這個環節不能保持正念，就很容易隨著習氣，對帶來樂受的境界產生執取，對帶來苦受的境界心生瞋恨。事實上，六塵只是對境而已，它所能產生的影響，完全取決於我們的心。如果我們對六塵境界沒有黏著，外境是左右不了我們的。

眾生之所以被綁在輪迴中，不得解脫，正是因爲這份貪愛。可以說，情就像一根繩子，我們在乎什麼，就被什麼所捆綁。佛法告訴我們，眾生在輪迴中，「無明所蓋，愛結所繫，長夜輪迴，不知苦之本際。」總之，人間的情愛是以癡、貪、我執爲特點。但情並不都是負面的，否則我們就和木石無異了，那是無法修行的。佛菩薩的大慈大悲就屬於情的昇華，是從染汙、有限、黏著的情愛，昇華到平等、無限、清淨

的大愛。所以關鍵是以智慧認識情的眞相，避免癡、貪、我執等問題，進而加以管理和提升。

學佛是對衆生的大愛

學佛是無情嗎？

出家要放棄對世俗情感的占有，不論親情、愛情還是物情，統統都要放下。從世人的角度看，似乎是無情的。但我們需要去了解，出家爲什麼要放棄這些？前面講到，世俗情感是以癡、貪、我執爲基礎，是生死輪迴之因，也是無盡煩惱之因。放下這些，不是變成木頭，而是要建立沒有染汙的情感。

在僧團中，出家人之間有沒有情感呢？佛弟子對三寶有沒有情感呢？當然是有的。這叫法情，是建立在信仰和恭敬的基礎上，是沒有染汙的。出家人不僅要對三寶、師長、道友建立沒有染汙的情感，還要對一切眾生心生慈悲。這種情感必須建立在智慧認識的基礎上，無我的基礎上，而不是建立在癡、貪、我執的基礎上。兩者是完全不同的。

想建立沒有染汙的情感，前提是放下染汙的情感。想想我們在世間擁有的情感，維持起來是不是很辛苦？尤其在今天這個社會，於自身，缺乏道德約束；於外境，充滿聲色誘惑。可以說，感情正面臨前所未有的考驗。如果彼此之間沒有相當的信任，很容易因為猜忌而產生矛盾、爭執，甚至是犯罪。當這種辛苦積累到一定程度後，你會很嚮往沒有染汙的情感。

情感也是緣起法，關鍵是我們怎麼看待，怎麼相處。在學佛過程中，用佛法智慧調整認識，改變心態，可以逐步增加沒有染汙的情感，逐步減少有染汙的情感。善緣具足的話，還可以把世間伴侶變成菩提眷屬，建設清淨、和諧的佛化家庭。

多情乃佛心

有句話說「多情乃佛心」。這個多情，不是一般所說的多愁善感或濫愛，而是對

眾生的大慈大悲，是平等、清淨、無限的大愛。我們在世間能愛幾個人？一個家庭？一個團隊？如果能愛一個城市、一個國家，就很了不起了，但發菩提心，是發願利益一切眾生，幫助一切眾生離苦得樂。包括全人類，包括所有動物，也包括天人乃至地獄眾生。這種崇高的利他主義願望，正是來自對眾生廣大無邊的愛。

進一步，還要盡未來際地踐行這種大愛。在《普賢行願品》中，每個大願的最後，都有這樣幾句話：「如是虛空界盡，眾生界盡，眾生業盡，眾生煩惱盡，我此隨喜無有窮盡。念念相續，無有間斷，身語意業，無有疲厭。」這是佛菩薩對一切眾生的莊嚴承諾。與之相比，世間的海誓山盟算得了什麼？

可見，佛弟子非但不是無情，而且具有慈悲大愛。因爲從佛教角度來看，眾生都是我們輪迴中的親人，所謂「一切男子是我父，一切女子是我母，我生生無不從之受生」。既然眾生都是自己的父母、兄弟、姊妹，有什麼理由不愛他們，不對他們心懷慈悲？有什麼理由不幫助他們離苦得樂？

佛菩薩正是這種大愛的典範。這種愛是智慧的，沒有無明和我執；這種愛是清淨的，沒有染汙和占有；這種愛是平等的，沒有親疏和分別；這種愛是無限的，就像陽光普照一切，大地承載萬物，沒有任何眾生被排除在外。

隨緣還是進取？

現在有個網路流行語叫「佛系」，泛指怎麼都行、看淡一切的生活方式，並衍生出佛系青年、佛系父母、佛系生活等一連串用語。這種調侃雖然沒有多少惡意，本身也不是針對佛教的，但因爲網路傳播速度快且覆蓋面廣，迅速成爲時下對佛教最新也最爲普遍的誤讀。之所以出現這個情況，可能和「隨緣」的概念有關，是把隨緣理解爲無所謂，隨它去。事實上，佛教所說的隨緣完全不是這樣。

學佛首先要認識因緣

「隨緣」的緣，來自因緣。佛教的基本理論就是因緣因果，所謂「諸法因緣生，諸法因緣滅」。其中，因指內在的主因，緣指外在的助緣。由因感果，需要緣的推動。如果相關的緣不具足，因就暫時不會發展爲果。就像種子，如果沒有泥土、水分等助緣，是不會發芽結果的。

佛教不是偶然論，認爲一切是偶然出現的；不是宿命論，認爲一切是前世注定的；也不是神造論，認爲萬物由造物主創造並決定；而是緣起論，認爲事物「此有故彼有，此生故彼生，此無故彼無，此滅故彼滅」。也就是說，一切存在都是條件和關係的假象，是相互影響的。

漢傳佛教華嚴宗的教理中，把緣起思想發揮到極致，認爲「一即一切」。也就是說，宇宙中任何一個點都和整個宇宙有關，蘊藏著宇宙的一切內涵。現代科學提出的全息宇宙論、蝴蝶效應等，也說明宇宙是一個整體，是息息相關的。其中蘊含著無盡的緣起，包括清淨的因緣，染汙的因緣。

我們看到的世界，取決於自身的認識能力，同時也離不開我們的感覺、經驗和需要。所以這種認識並不客觀，會受到各種因素的影響。現在社會上出現的「六頂思考帽」之類，就是針對個人局限而開發的思維訓練模式，透過集思廣益，充分發揮大眾的智慧。因為個人經驗會有很大的片面性，如果大家能提供不同的思考角度，再把這些角度綜合起來，就能更為全面而客觀地認識這件事，以及相關的因緣。

隨緣和進取

何為隨緣？

隨緣解決什麼問題呢？我經常會寫這樣四個字——隨緣無我，或無我隨緣。可見，隨緣不是隨我，更不是隨便，不是隨性而為。隨緣的前提，是跳出自我的感覺，以理性、開放的心態看清各種因緣，然後做出智慧的選擇。這是主動而非被動的，是明確而非模稜兩可的。不是什麼緣出現就跟著什麼緣跑，別人叫你做什麼就做什麼。

有人可能會說：佛教中不是說要「隨順眾生」嗎？須知，這種隨順並不是對眾生百依百順，不然眾生要造惡業的時候，難道還成為他們的幫凶嗎？所謂「隨順眾

生」，是在看清因緣的情況下，知道什麼樣的引導最適合對方。然後從這個角度切入，首先讓對方歡喜，然後善巧引導，最終還是爲了利益眾生。世間盲目的順從，比如父母因爲溺愛子女，要什麼給什麼，往往是有害無益的。

隨緣的智慧非常重要，不論世間法還是出世間法的成就，都離不開對因緣的如實觀察。對客觀條件充分評估之後，才能做出正確選擇。

隨緣和進取

人們通常覺得，進取才是努力，隨緣代表著消極、不作爲。這是對隨緣的錯誤認識。事實上，隨緣才能積極進取。如果沒有緣起的智慧，對事情沒有全面、客觀的認識，很多時候，我們的進取是徒勞無功的。經常有人抱怨：「我已經這麼努力，爲什麼還不成功？」之所以會這樣，就是缺乏隨緣的智慧。一方面，你的努力方向對不對？如果南轅北轍，怎麼努力都是不可能成功的；另一方面，你的努力只代表了其中一部分因緣，而成功還需要眾緣和合。可能還有一些因緣，是你沒看到或做不到的。

看清這一點，我們在盡到自己的努力之後，就不會有無謂的煩惱了。

如果從佛教的角度解讀，世人所說的審時度勢，正是隨緣的前提。這是代表我們在做一件事情時，做客觀的評估，採取正確的方法，那樣的努力進取，才會事半功倍。反過來說，如果我們對事情缺乏客觀認識和有效手段，可能花十分力氣，只有一分的收穫。可見，隨緣和進取是相輔相成的。

我們想一想，在世間做任何事，是不是都需要有這種智慧？首先是明確目標，然後就要隨順當下的因緣，採取與之相應的方法。其實修行也是一樣。我們知道，佛陀針對眾生不同的根機，說三乘佛法，說八萬四千法門。這也是隨緣，是隨順眾生的不同因緣，給予最適合他們的教化。

隨緣對修行和人生的意義

佛教發源於印度，在這片土地上，宗教和哲學極其發達。為什麼在眾多的教派和宗教師中，只有佛陀找到了覺醒之道，找到了解除痛苦的方法？關鍵在於，佛陀找到

了輪迴眞正的因。

人生有種種痛苦，可以說，人類文明都在以各種方式解決痛苦。從遠古的刀耕火種，到今天的人工智慧，物質條件比起過去有了巨大改善。我們今天的很多享樂，是古人做夢都想不到的，但痛苦和煩惱並沒有因此減少。從某個角度說，甚至變得更多。我們不再有飢寒交迫的痛苦，但精神的匱乏不是飢餓嗎？人與人之間的冷漠，不是讓我們感到心寒嗎？

我們要解決痛苦，就要從智慧的高度，找到眞正的痛苦之因。佛法告訴我們，所有痛苦都來自內心的貪婪、仇恨、愚癡，這才是根源所在。由此，還會產生嫉妒、焦慮、孤獨、沒有安全感等一切負面心理。可人類文明所做的努力，始終在改善外在環境，創造物質條件。除了使需求越來越大之外，並沒有從根本上解決問題。就像身體有了病灶之後，我們只是在傷口塗抹鎮痛藥，點綴裝飾品，除了得到片刻安寧和麻痺自己以外，能根除病情嗎？

佛法之所以能解除痛苦，是因爲佛陀找到了病灶所在。那就是我們內心的迷惑和煩惱，這是人類痛苦的根源，也是世界一切災難的根源。如果不能找到眞正的痛苦之因，從根上解決，其他努力只能起到暫時的緩解作用。比如我們孤獨時找人陪一陪，或是看看電視，但這只是轉移注意力，讓痛苦不那麼直接。事實上，造成孤獨的苦因還在。只要不去除這個因，再多的緩解都是無濟於事的，而且效果會越來越差。就像抗生素導致的抗藥性一樣，同樣的緩解方式，效果很快就會遞減。然後就要更大的劑量，更新的方式，才能緩解。但只要那些不良心理存在，它們就隨時準備製造事端，製造痛苦，製造輪迴。

當年，釋迦牟尼佛正是在菩提樹下，透過對十二緣起的觀察和追溯，才找到眞正的苦因，找到眾生流轉生死的源頭。同時也發現，每個生命還具備覺悟的潛能，可以從根本上解決迷惑和煩惱。證悟後，佛陀說法四十五年，向眾生宣說了解決痛苦的方法，那就是聞思修，是戒定慧，是八正道，是三十七道品，是一切眾生皆能成佛的大乘菩薩道。這就是緣起的智慧。這個發現使生命得到拯救，看到希望。

不論世間還是出世間的成就，都要在看清緣起的前提下，順勢而爲，精進努力。

所以，隨緣和進取是不矛盾的。我們學習佛法，就是要學習並運用緣起的智慧。這樣才能跳出主觀的錯誤認識，放下我執，從更高的角度認識一切。在生活中，可以更善巧地處理工作、家庭等各種事務。逆緣出現時，安然接納，知道一切都有前因；順緣出現時，及時把握，知道機會都是給有準備的人。在修行上，學會用緣起的智慧認識生命，觀察世界。眞正認識緣起，就能了知空性，了知諸法實相。這就是生命的覺醒和解脫。

結語

本次講座從八個方面，解讀了「佛教徒的人生態度」。一方面，希望消除世人對佛教的誤解；一方面，希望人們透過對佛教的正確認識，從中受益。佛法是人生的大智慧。這種智慧不是玄談，而是佛陀親證的，是一代代祖師大德用生命踐行的。今天，這一古老智慧已經傳到全世界，讓越來越多的人因爲聽聞佛法，改變了自己的人生觀。當我們的觀念改變，知道選擇什麼，捨棄什麼，知道怎麼看世界，看人生，心態必然隨之改變。而心態的積累會成爲性格，性格的積累會成爲生命品質。希望大家能以「佛教徒的人生態度」，對照自己的三觀，檢查自己的言行，止惡行善，去染成淨。

5

佛教的世界觀

—— 二〇一五年於北京大學「陽光論壇」

濟群法師應「二〇一五首居公共智慧與社會發展陽光論壇」之邀，做客中國百年學府北京大學，爲現場及透過網路直播參與的大眾，帶來一場智慧的盛宴。法師針對本次論壇主題「開啓互聯網＋智慧的大時代」指出，身處大時代，需要有對「世界」的大見識、大胸懷和大智慧。所以，佛法對世界的認識，在這個時代具有現實和指導意義。

這是一個令人眼花繚亂的時代，我們每天都在接受來自全球各地甚至宇宙中的訊息，從各種星系的發現到多重（平行）宇宙的提出，不斷有新的、前所未有的、甚至是顛覆性的探索。相應的，我們也需要有世界性的見識和胸懷，尤其需要認識世界的智慧。這不是形而上的哲學問題，而是每個人每天都會面對具有現實意義的生存問題。因爲世界觀會影響我們的人生觀和價值觀，可以說，我們對世界有什麼樣的認識，面臨選擇時就會做什麼樣的取捨，規劃人生時就會有什麼樣的目標。

我們能看到什麼樣的世界，關鍵取決於自身的認識能力。現代的各種科學儀器，正是認識能力的延伸，從而讓人類走得更遠，看得更多。但這種能力的提高是立足於向外探尋，相對無垠的宇宙，其中多少有些「知其不可爲而爲之」的意味。正如莊子所說：「吾生也有涯，而知也無涯。以有涯隨無涯，殆已！」兩千多年過去，人類的各種知識和發現，與當年相差不可以道里計。但相對於宇宙中未知的部分，依然是以有涯在觀望無涯，永遠在仰望，永遠不能窮盡。

那麼，人類眞的無法揭開世界眞相嗎？在佛陀十大名號中，其中有一個就是「世間解」。《大般涅槃經》曰：「東方無量阿僧祇世界，一切聲聞緣覺不知、不見、不解，諸佛悉知、悉見、悉解。南西北方，四維上下，亦復如是。是故號佛爲世間解。」爲什麼佛陀能了知世界眞相？或者說，佛法是怎麼看待世界的呢？

先來看看佛教關於「世界」的解釋。《楞嚴經》中，佛陀爲阿難開示說：「云何名爲眾生世界？世爲遷流，界爲方位。汝今當知，東、西、南、北、東南、西南、東北、西北、上、下爲界；過去、未來、現在爲世。」也就是說，「世」代表時間，以過去、現在、未來三世，包括所有的時間；「界」代表空間，以東南西北等十個方

位，包括一切的空間。換言之，世界就是時間和空間的呈現。

在這個定義上，佛法和世間法並沒有本質上的差別。不同之處在於，世人是向外尋找，但不論找得多遠，都無法窮盡。宇宙本身是無限的，是沒有盡頭的。而佛法是向內探究，認爲心的本質就是宇宙的本質，兩者是一體的。一旦明心見性，通達心的本來面目，也就了知宇宙奧祕了。所以，說世界其實離不開眾生，也離不開我們的心。這不僅是世界的組成部分，而且是關鍵部分。可以說，這才是打開世界奧祕的鑰匙。

因爲認識能力決定了我們所認識的世界，擁有什麼樣的能力，就能看到什麼樣的世界。從另一方面來說，對世界的錯誤認識，又會帶來迷惑、煩惱、痛苦和輪迴。佛法認爲，無明是一切痛苦的根源，而正見是一切修行的關鍵所在。所謂正見，就是對世界和人生的正確認識，由此引導我們開啓智慧，擺脫迷惑，了悟眞相。以下，從幾個方面和大家分享佛法對世界的認識。

世界的起源

關於世界的起源，早期主要有神創說。上古時期，人類對宇宙一無所知。在茫茫天地間，在種種不可控、不可知的自然現象中，感覺自己命若浮萍，微不足道，就會相信有一種外在力量在決定人類命運。因此，在世界各民族的文化和宗教中，都有關於神如何創造世界的記載。人們還相信，正是這個萬能的神決定了世間的窮通禍福。人只有通過對神的信仰，才能得到拯救。

此外還有偶然論。因爲看不清世界的來龍去脈，就將種種現象歸之於偶然，從而迴避對問題的追究。表面上看，「偶然」似乎是適用於一切的擋箭牌，其實潛在的危害很大。因爲偶然論會讓人存有僥倖心理，比如不想經過努力，就期待某種結果；或採用不正當手段，卻認爲可以逃避懲罰。這就從根本上摧毀了止惡行善的基礎，導致從個體到社會的各種問題。

關於世界起源，佛法是怎麼看的呢？佛法講緣起論，對世界的解釋可以歸納爲四

個字：因緣因果。所謂緣起，即一切現象都是由眾多條件共同成就的。小到一張桌子，大到整個宇宙，莫不如此，所謂「諸法因緣生，諸法因緣滅，我師大沙門，常作如是說」。因緣決定了世界的產生，也決定了世界的敗壞，所以《阿含經》還說：「有因有緣集世間，有因有緣世間集；有因有緣滅世間，有因有緣世間滅。」

什麼是有因有緣？當眾多條件和合時，並不是完全平等的，其中還有親疏之別，即重要和次要的部分。其中，重要條件爲因，次要條件爲緣。因和緣的共同作用，構成一切事物的發生、存在和消亡。就像作物，種子是最重要的因，而土地、陽光、雨露則是次要的緣。因緣具足，種子才能生根發芽。

緣起論不同於哲學上的唯物論或唯心論。前者以物質爲第一因，後者以精神爲第一因，而佛法根本不認爲有獨立存在的第一因，也不認爲有一個萬能的神在創造世界，主宰萬物。在佛法看，無論宇宙還是生命，都是眾緣和合而生的。好比說一輛汽車能跑起來，是發動機在產生作用，輪子在產生作用，還是方向盤在產生作用？並不是取決於某種因素，而是各種條件共同作用的結果。

微觀世界

微觀世界，包括組成世界的最小物質單位。從古希臘德謨克利特提出原子論，到近代牛頓的古典物理學，基本是建立在原子論的基礎上。他們認爲原子是物質分割到最後、不可繼續分割的微粒，其存在是客觀、恆常的，不受任何主觀因素的影響。這些基本物質元素的聚集，構成了我們的世界乃至宇宙。

二十世紀初，量子力學的出現改變了這些觀點。他們提出「波粒二象性」，認爲物質的存在並沒有恆常不變的實體，它可能以波的方式存在，也可能以粒子的方式存在，且具有隨機性、自由性、不確定性。更讓物理學家感到驚奇的是，其存在會受到觀察者的影響。換言之，對象在沒有被觀察之前，其存在是不確定的；只有被觀察之後，才決定了它的存在方式。這就說明，我們觀察世界時，不僅是單純的觀察者，本身也是參與者和創造者，甚至決定了世界的存在方式。

量子力學還有個很有意思的觀點，認爲兩個基本粒子只要源頭相同，是相關聯的，哪怕彼此相距遙遠，當其中一個粒子發生改變，另一個粒子也會發生改變，這就是著名的量子糾纏理論。其中原理，連愛因斯坦都無從解釋。因爲它們並不在一起，在物質上找不到任何關聯，也沒有無線傳輸，這種「鬼魅似的遠距作用」是怎麼發生，怎麼相互感知的呢？

科學家雖然發現很多現象，卻說不出其所以然。可見，雖然現代人一直崇尚唯物，信任科學，但究竟什麼是物質？其本質是什麼？至今仍是未知而撲朔迷離的。對於這些問題，佛法早有自己的一套認識。

早期的部派佛教中，「說一切有部」提出了「極微」的概念，認爲這是組成物質世界的基本元素，並有特別的計算公式，說明物質怎麼分析到最小單位。說一切有部認爲，極微在時間上是恆常的，包括過去、現在、未來，所以叫「三世實有，法體恆有（存）」。這一觀點和原子論相似，認爲世界存在固定不變的基本元素，這是物質世界建立的基礎。這些極微的聚集，稱爲「和合」。能造的是極微，所造的是一切現象。雖然我們看到的現象世界是虛幻不實的，但極微卻是恆常不變的。

而大乘中觀思想否定了極微的存在，提出「緣起性空」的觀點。緣起，說明一切現象都是眾多條件的和合，其中找不到恆常不變的自性。所謂自性，即不依賴條件、恆常不變的獨立實體。《心經》有個著名的公式解釋自性：「色不異空，空不異色；色即是空，空即是色。」空什麼？佛教所說的空，不是要空掉存在的現象，而是要破除我們內心對此產生的自性見。任何現象，從一張紙到整個宇宙，包括我們的生命現象，都是緣起的，是各種條件和關係的組合，其中沒有恆常不變的自體。當條件發生改變，現象就隨之改變了。

此外，大乘唯識思想從另一個角度批判了極微的觀點，比如《唯識二十論》認為：如果眞有恆常不變的極微，那麼它到底有沒有體積？如果有體積，就意味著它還有方位，還可以繼續分割，說不上最小；如果不承認它有體積，就意味著它並不存在。總之，只要有質量的存在，就可以分割，否則就是空的。

唯識宗還提供了兩個非常重要的思想。

第一，我們認識的世界沒有離開我們的認識。我們可能理所當然地認為，世界在

我們的認識之外。比如我看見山，那個被看見的山一定在我的認識之外。其實，如果它在我們的認識之外，我們怎麼認識得到呢？既然能被我們認識到，一定沒有離開我們的認識。

第二，我們的認識模式決定了我們所認識的世界。佛法認爲，生命體是由業力構成的五蘊和合的系統。其中的認知系統，由經驗、觀念、想法等生命積累共同構成。我們對世界的認識，是透過這個系統得到的。所以，我們能看到什麼樣的世界，不是由世界決定的，而是由我們的認知系統決定的。

唯識有個比喻叫「一心四境」（又作一水四見）。比如人類看到的水，在魚看來就是房子，天人看來是琉璃，而餓鬼看來就成了膿血。也就是說，當物質世界沒有被認識的時候，究竟以什麼方式存在，並不確定。只有當它被認識之後，才構成其存在方式，或者說，是在那個認知系統中的存在方式。對於人、魚、天人、餓鬼這些眾生來說，由業力造就的生命形態和認知系統各不相同。透過這些不同的認知系統，同樣的境界，便有了不同的呈現。

不必說不同的生命形態，就我們熟悉的人道眾生來說，面對同樣的外境，色盲、近視、老花者的所見一樣嗎？又或者，眼根（根是指感覺器官，或認識能力）同樣健康的人，普通人和藝術家所見一樣嗎？我們都知道，「一千個讀者就有一千個哈姆雷特」，爲什麼？就因爲認知的不同。所以說，外境在沒有被觀察之前，具有種種的不確定性，並沒有我們所以爲的客觀、固定不變的存在。

宏觀世界

在很長時間，西方社會一直奉行地心說（地球中心說，又名天動說），認爲地球就是宇宙的中心。到了十六世紀，哥白尼提出日心說（又名地動說），認爲太陽才是宇宙中心，但受到當時教會的打壓，支持這一學說的科學家布魯諾甚至因此被燒死。到了二十世紀哈伯太空望遠鏡出現之後，人們才發現，僅銀河系就有很多像太陽這樣的恆星；同時又發現，宇宙中還有很多銀河系這樣的星系。而面對浩瀚的宇宙，這些發現不過是滄海一粟而已。

早在兩千多年前，佛陀已告訴我們，宇宙中有恆河沙、微塵數那麼多的星系。《華嚴經》就有很多相關闡述，如《盧舍那佛品》的「此蓮華藏世界海中，一一境界，有世界海微塵數清淨莊嚴」，《十行品》的「入是三昧已，十方各過萬佛世界塵數剎外，各見萬佛世界塵數諸佛」，《十明品》的「如是等百世界、千世界、百千世界、億世界、百億世界、千億世界、百千億世界，乃至百千億那由他世界」等等。在《大正藏》收錄的經典中，「世界」一詞出現了七萬多次，讓人驚嘆佛陀的所知所見，實在是深廣難測，不可思議。

那麼，佛法對世界的基本認知有哪些呢？首先得從三界說起。三界即欲界、色界、無色界，是根據眾生生命狀態和精神境界所做的劃分。比如欲界眾生，還在享受色食二欲的生活，上自六欲天，中至人界的四大部洲，下至八大地獄等，都屬於欲界範圍。色界在欲界之上，此界眾生但有色相而無男女諸欲，包括四禪十八天。無色界（又稱空界）則是色相俱無，但住心識於深妙禪定的眾生所居，有四空天等。雖然三界的生命層次不同，但都是眾生生死往來之處，所以佛法修行是以超出三界、斷除輪迴為目的。

此外還有六道，即地獄、餓鬼、畜生三惡道，及天、人、阿修羅三善道。這是眾生的輪迴之道，故曰「六道」；又名「六趣」，即一切眾生隨業趣向之處。在六道之外，加上聲聞、緣覺、菩薩、佛四種聖賢境界，則為六凡四聖，即十法界。不同的法界，代表不同的生命狀態，以及各種世界的存在。

「三千大千世界」也是佛教常見的概念，是對世界結構的說明。用現代的話來說，以太陽為中心，有各種行星圍繞，再包括生活其間的六道眾生，由此構成一個小世界。一千個小世界構成小千世界，一千個小千世界構成中千世界，一千個中千世界構成大千世界，合稱三千大千世界。每個三千大千世界，只是一位佛陀教化的領域，並不是宇宙的全部。

那麼，宇宙中到底有多少三千大千世界？佛陀講《大般若經》時，放光動地：「此一一光各照三千大千世界，從此展轉，遍照十方殑伽沙等諸佛世界。」殑伽沙，即恆河沙，佛說法時，每每以恆河沙來形容數目之多，難以窮盡。因為恆河沙極其微

細，哪怕只抓一把都很難數清，何況整條恆河中的沙？而宇宙中的三千大千世界竟然有恆河沙那麼多，遍布東西南北，四維上下，每個方向都有無量世界，實在是難以想像。

在佛弟子熟悉的《維摩詰所說經》中，也對世界做了生動的描述。維摩詰是一位居士，「已曾供養無量諸佛，深植善本，得無生忍，辯才無礙」。某日，他寢疾於床，釋迦牟尼佛就派遣諸大弟子前去慰問。結果從舍利弗、目犍連、須菩提、富樓那、摩訶迦旃延、阿那律、優波離、羅睺羅、阿難一直到彌勒菩薩等，都曾領教過維摩詰的辯才，知道前去問疾後，將有一番高難度的往來答辯，所以誰也不敢接受這個任務，自知難爲酬對，不堪任詣彼問疾。

最後輪到智慧第一的文殊菩薩。文殊菩薩雖然清楚任務艱巨，但既然佛陀有此安排，也應承擔下來。眾人深知文殊師利和維摩詰見面後必說妙法，所以，「八千菩薩、五百聲聞、百千天人皆欲隨從」。如此浩蕩的探病隊伍，到了維摩詰一丈大小的房中，竟也不覺擁擠。

因為大家都站著，所以維摩詰就問文殊菩薩：「仁者游於無量千萬億阿僧祇國，何等佛土有好上妙功德成就師子之座？」文殊菩薩言：「東方度三十六恆河沙國，有世界名須彌相，其佛號須彌燈王，今現在。彼佛身長八萬四千由旬，其師子座高八萬四千由旬，嚴飾第一。」如果一由旬按二十公里計算的話，這個座椅之大，實在是超乎想像。

維摩詰居士接著顯現神通，「即時，彼佛遣三萬二千師子座，高廣嚴淨，來入維摩詰室，諸菩薩、大弟子、釋、梵、四天王等昔所未見。其室廣博，悉皆包容三萬二千師子座，無所妨礙。於毗耶離城及閻浮提四天下亦不迫迮，悉見如故。」如此大的座椅，而且不是一個，是三萬兩千之多，但小小的丈室居然能夠容納。更奇妙的是，房間沒變大，椅子也沒變小。

這並不是魔術，而是佛法「事事無礙」的境界，說明物質並沒有客觀、固定不變的實體。如果我們有自性見，會覺得大就是大，小就是小，無法理解大的物體怎麼能裝到小的裡面去。其實我們看電腦螢幕，雖然這麼小，但可以把上下五千年、縱橫千萬里都放在其中，看得清清楚楚。我們在看的時候，沒覺得世界變小了，也沒覺得電腦變大了。還有目前正在發展中的VR虛擬實境，從天空到海洋，那麼多讓人身臨其境的場景，僅僅在一副眼鏡中而已。

當然，那是透過設備達到的效果。但對修行人來說，一旦超越自性見，安住在空性境界中，所謂的大和小不過是夢幻泡影而已。既沒有實在的大，也沒有實在的小。我們平時感受到的所謂大小、輕重、美醜、貴賤等等，以及由此帶來的一切障礙，其實都來自我們的心，來自我們的執著。

世界的生成和演變

世界怎麼產生，怎麼變化的？其產生和變化取決於什麼力量？從基督教的角度來說，是來自上帝的安排；從現代科學的角度來看，宇宙中有強作用力（或說強力）、弱作用力（或說弱力）、電磁力、重力（又稱萬有引力）等四大基本力，皆影響宇宙和自然界的運作。

佛法是緣起論，認爲由眾多因緣的和合組成世界，其中又以地、水、火、風、空、識六大爲主，這是偏於物質的分析。此外，還有「應觀法界性，一切唯心造」之說，認爲世間萬象都離不開心的作用。在世界生成和發展的過程中，心具有能動性和主導性，而物是被動的。但不論心還是物，都是無常的。心念有生住異滅，色身有生老病死，世界有成住壞空，乃至宇宙中無量無邊的星球，時時刻刻都在發展、變化之中。只是我們的感官太遲鈍了，很多時候都覺察不出這種改變而已。所以，佛教經論是以心爲立足點探討一切，從眞心到妄心，從意識到潛意識，都有深刻的剖析和闡述。

關於世界的生成演變，佛法認爲，世界由眾緣和合而生。世界形成之後進入住劫，即相對穩定的階段，生態環境開始形成，適合包括人類在內的眾生居住。然後，這個環境又因自身發展規律和人類的消耗逐漸敗壞，最後化爲微塵，徹底毀滅。不僅地球如此，每個星球都會經歷這樣一個成住壞空的階段。

人類是在住劫期間出現在地球的。這又涉及到另一個問題：人是怎麼來的？基督教認爲，上帝用五天創造天地和萬物後，在第六天，按照自己的形象，用地上的塵土造出一個人，即人類始祖。而佛教不承認有造物主，認爲是光音天人移民到此。《長阿含經》記載，光音諸天福盡命終，來生此間。本來，這些天人以念爲食，能神足飛空，身光自照。後來，見「此地甘泉湧出，狀如酥蜜」，出於好奇就嘗了一下，結果越吃越多。最後身體變得粗重，失去天人的妙色，也不再有神足通，只能長居於此。《起世因本經》則記載，光音天人初到地球時，因爲往昔福報的餘力，「不須耕種，而有自然粳米出生」。這種稻米隨欲而取，取而復生。但這些天人出於懶惰和貪心，覺得每頓取食麻煩，不如多取一些作爲儲藏，福報逐漸轉薄。結果越取越多，終於福報享盡，只能自耕自食了。

此外，佛法認爲世界在住劫過程中會有上升和衰退，又稱增劫和減劫。增劫中，世界會往正向的方向發展；而減劫中，則往不良的方向發展。這種發展不是由誰決定的，而是取決於人類整體的道德行爲。隨著人類道德的墮落，彼此爭鬥，瘋狂掠奪，世界會出現各種問題，包括地震、海嘯等自然災害，也包括戰爭、瘟疫、飢荒等人爲災難。反之，隨著人類道德的提升，不僅社會和諧安定，生態環境也會日益平衡，所謂「依報隨著正報轉」。

所以說，每個人的心念和行爲，在決定各自命運的同時，也在匯集成共業，決定這個世界的未來。今天，生態環境日益惡化，社會問題層出不窮，關鍵就在於人類道德的墮落。而現代科技的發展，又在某些方面強化了人類的破壞力。以環境汙染爲例，近百年的破壞程度，超過了以往幾千年的總和。這是每個人都看得見，也正在深受其害的苦果。

我們是受害者，但又何嘗不是施害者呢？一方面，每個人的行爲會影響這個世界；另一方面，這個世界的問題也會直接影響每個人，誰也無法倖免。比如霧霾之下，你能獨自倖免嗎？哪怕有能力移民到更好的環境，又躲得過全球暖化帶來的隱患嗎？那種「我死後哪怕洪水滔天」的想法，不僅自私，更是愚蠢而短視的。

我們要改變這個社會，必須以緣起的智慧，認識到個體是整個世界的一部分，彼此是相輔相成、不可分割的。只有這樣，才能自覺地從我做起，從現在做起。否則的話，很多人雖覺得環保重要，可一旦和自身利益發生衝突時，還是選擇自己重要，眼前重要。這就是因爲他認識不到個體和世界的關係，認識不到這種休戚相關的內在聯繫。

所以說，對世界的正確認識，是個體生命和人類社會健康發展的關鍵。對於今天的中國人來說，尤其要重視觀念、心態、道德行爲的建設，這也是實現中國夢的前提。如果沒有這個基礎，就不知道實現的是什麼夢了。

世界的原理

古往今來，除了哲學家和神學家的追尋，科學家們也一直在探索，希望能找到解釋宇宙一切現象的定律。從古典物理學到量子力學，從愛因斯坦的相對論到最新的弦理論（又稱弦論），都在試圖揭開其中的奧祕和原理。

當一種又一種的理論被提出後，科學家們卻發現，這些理論都沒辦法解釋一切現象。比如古典物理學無法解釋相對論的現象，相對論無法解釋量子力學的現象。爲什麼會這樣？因為他們發現的都是局部原理。換言之，一個原理僅限於某個層面，超越這個層面就不再適用，並不是放之四海而皆準的。弦理論的提出在某種程度上解決了這些矛盾，既能解釋宏觀世界，也能解釋微觀世界，但它目前只是一種設想，並不是科學實證。

從佛法觀點來看，世界的共同原理就是三法印，即諸行無常、諸法無我、涅槃寂靜。這是佛陀親證的，也是區別佛法和非佛法的標準。

第一是無常，說明萬物的非恆常性。在這個世間，小到原子、夸克，大到地球、星系乃至整個宇宙，以及我們身邊的一切人和物，有什麼是恆常不變，是不依賴條件存在的嗎？事實上，這不僅是佛法的認識，也是不斷被各種科學發現證實的原理。只要我們願意了解就會發現，這個世上眞的沒什麼是恆常不變的。可以說，人們對無常的態度是無視多過無知，似乎只要無視就可以抵擋無常，讓自己在「恆常」的假象中再停留一下，陶醉一下。

第二是無我，說明萬物的非主宰性。佛法是緣起論，認為一切現象都是眾緣和合的，是一套系統在共同產生作用，而不是以某種力量爲主宰。就像汽車可以跑，飛機可以飛，哪一樣不是各種零件在相互作用？雖然其中有重要條件和次要因素之分，但沒有什麼是唯一、不變的主宰。包括我們對自己的身體，如果可以主宰，我們一定不願讓它老，讓它病，讓它死，但是做得到嗎？顯然不能。因爲在這套系統中，並沒有一個所謂的「我」爲主宰。

第三是涅槃寂靜。涅槃寂靜告訴我們，只有平息內在的迷惑和煩惱，心靈才能獲得寧靜，生命才能獲得自由。反之，只要還有迷惑，必然會帶來煩惱和痛苦。哪怕眼前諸事順遂，但只要苦因還在，總歸要流轉六道，無法自主。

對於以上原理，我們可以去檢驗，世間有沒有什麼現象超出這三點？不符合這三點？

此外，大乘中觀思想是以緣起性空爲核心，說明一切現象都是由條件決定其存在，其中沒有恆常不變的主宰。從我們的色身到山河大地，宇宙萬有，都是無自性的。這一思想首先是破除自性見，其次是說明一切現象都有無限的可能性。

正因爲萬物沒有固定不變的特質，所以，它會隨著我們內心的不同認知發生改變。可能有人會說：我想把家裡的東西都變成黃金，做得到嗎？爲什麼做不到？並不是這個原理有問題，而是你的認知模式達不到，你的業力系統達不到。簡單地說，就是你的能力沒這麼大。因爲認知模式和「我想怎樣」是兩個概念，前者是透過觀念、心態、生命品質塑造的，而後者只是妄想，是沒有力量的。

在我們的生命中，業力決定了認知模式，認知模式決定了認識對象。從無自性空的角度來說，一切都有可能。正是基於這一原理，佛教非常重視觀想的修行。信徒可以透過觀想來調整心態，進而改變行爲。當身心由內而外發生改變，再以禪修證得空性慧，才能眞正超越現有的凡夫生命系統。

而唯識經論提供的原理有兩點。其一，我們認識的對象沒有離開我們的認識；其二，我們的認知模式決定了所認識的世界。這在前面已經做了介紹。可見在很多問題上，我們都需要檢討自己的認識能力和認知模式。有句歌詞是這樣唱的：「不是我不明白，這世界變化快」，事實上，眞相恰恰就是「我不明白」，而不是其他問題。如果不從自心入手，看清心的種種妄念，明白心的種種原理，發現心的本來面目，是不可能明白這個世界。就像拿著一面哈哈鏡，鏡子還是小小的，看到的還是破碎的，能看明白什麼呢？

以上這些原理，對於我們了解生命、看清世界意義重大。因爲心才是打開世界奧祕的鑰匙。

認識與存在

我曾出版過一本《認識與存在》，是對《唯識三十論》的解讀，說明我們的認識和所認識的世界是什麼關係。序言中有這樣一段話：「世界雖然複雜，但歸納起來，不外乎認識與存在兩個方面。那麼，認識是什麼？存在是什麼？認識與存在的關係爲何？是各自獨立，還是相互隸屬？本論『三能變』的部分，用大量篇幅，重點探討了人類認識的奧祕——八識五十一心所。三性三無性，揭示了存在的各種形態及實質；而諸法唯識的理論，則論證了認識與存在相互依托的關係。唯識學考察認識與存在的目的，是爲了幫助我們獲得唯識的中道正見，然後落實於空性禪修，完成生命品質的轉化。」

前面已經說過，認識模式決定了我們認識的世界，此處透過唯識的三性說進一步說明。所謂三（自）性，即遍計所執性、依他起性和圓成實性，是認識的三個層面。了解其中原理，我們才知道如何辨別眞妄，並透過改變認識來選擇心行，轉染成淨。

首先是遍計所執，即主觀錯覺的世界。也就是呈現在我們認識上的影像，只是一種錯覺而已。爲什麼這麼說？因爲每個人在認識世界時，會受到觀念、經驗、情緒、習慣、文化等種種因素的影響。這種認知模式，就像一副有色眼鏡，對我們見聞覺知的一切做了加工。在生活中，我們有沒有對哪個人一見如故，或看到哪個人就特別討厭？這就說明，我們看到的世界，早已經被自己的認識處理過了。

這種加工是持續不斷的，覺得這個人可愛，就找一大堆理由證明他的可愛；覺得這個人討厭，就找一堆理由來證明他的討厭。可以說，理性很多時候都在爲我們的感覺打工。隨著加工的深入，對喜歡的越來越貪著，對討厭的越來越拒絕，煩惱也就在所難免。

其次是依他起，即因緣顯現的世界。佛法認爲，我們看到的世界和心密切相關。每種心理產生活動時，由見分、相分、自證分三部分組成。所謂見分，指眼等六識有了別外境的作用，比如眼睛能看到，耳朵能聽到；所謂相分，即外境反映到心識上的影像；所謂自證分，即內心自證自覺的作用，正是這個作用，連接著我們的認識和所認識的影像。總之，外在世界和我們的認識有著共同的源頭，那就是心。

了解這些原理，就不難理解前面提出的量子力學理論了，因爲量子的隨機性、自由性，正是意識的特點。一個物質還未成形時，會受到自由意志，即心念的影響。只有成形後，才會遵循某個規則。比如行爲產生之前，我們會面臨選擇：我要做什麼，不做什麼。選擇之後，不斷地做，才會進入一種慣性。物質世界也是如此。

第三是圓成實，即世界的實相。世間萬象雖然有各種顯現，但每個現象的背後，都蘊含著空性。在空性層面，一切是等無差別、圓融無礙的，沒有此或彼的對立。不僅如此，能認識的心和所認識的世界也是一體的。所以，「如來天眼最勝清淨，一切世界、一切有情色相差別，及餘物類種種不同，如來皆見，如觀掌中阿摩洛果。」反過來說，只要有能所的分別和執著，所見就一定是局限的，甚至是錯誤的。

通常，凡夫都是活在遍計所執中。唯識經論有個比喻，就像有人夜晚看到地下有繩，因爲月色朦朧，誤以爲是蛇而嚇出一身冷汗。類似的典故，還有杯弓蛇影、疑鄰竊斧等。雖然杯裡沒有蛇，鄰人也沒有竊斧，但在發現眞相之前，這個錯覺是實實在在的，並且使自己的身心受到影響。凡夫有我法二執，還有所知障和煩惱障，這使我們總是帶著情緒、想法、感覺、經驗在詮釋世界，對自己的見聞覺知加工，進而製造煩惱，製造痛苦，製造輪迴。

探討認識與存在的關係，是以對緣起現象（依他起）的認識爲立足點。對緣起現象的錯誤認識，將導向遍計所執，導向生死輪迴；而對緣起現象的正確認識，則能擺脫遍計所執，通達空性實相。兩條路的分歧，就在於對緣起現象的認識正確與否，這也是輪迴和解脫的分水嶺。

此外，中觀是以眞俗二諦來劃分世界。其中，世俗諦是世間的道理，是凡夫根據見聞、經驗所總結的；勝義諦則是聖智證得的諸法實相。兩者的關係是什麼呢？龍樹菩薩有個偈頌：「若不依俗諦，不得第一義。不得第一義，則不得涅槃。」告訴我們，如果不能正確認識世間現象，就不能證得眞諦；不能證得眞諦，就無法斷除煩惱，成就涅槃。

總之，不論阿含還是唯識、中觀的見地，所有經教都在幫助我們破除對世界的誤解，告訴我們眞相是怎麼回事。只有對世界建立正確的認識，進而在正見指導下，透過禪修將聞思正見落實於心行，才能得定發慧，通達空性，成爲佛陀那樣的覺悟者。

結語

通過佛法怎麼看世界，我們可以從中了解佛法的深度及廣度，對佛陀的智慧心悅誠服。在科技高度發達的今天，佛法不僅沒有過時，而且還能補科學之偏。正如朱清時先生在〈物理學步入禪境——緣起性空〉一文中所說：「當科學家千辛萬苦爬到山頂時，佛學大師已經在此等候多時了。」正確認識世界，目的是幫助我們找回自己，淨化心靈，塑造健康人格。只有這樣，世界才有改變的希望，所謂「心淨則國土淨」。

6

佛教的道德觀

—— 二〇一八年於「騰訊佛學頻道」五週年

近年來，社會上的負面新聞層出不窮。從食品安全到環境汙染，從教育失衡到醫療腐敗，甚至在公益慈善事業中，都有各種問題被曝光。其範圍之普遍、頻率之密集、性質之惡劣，不斷刷新民眾的道德底線，讓人在震驚、憤怒、感慨道德滑坡的同時，深刻意識到道德建設的重要性。這些個案並不是偶然的，不僅僅是發生在某人、某時、某地的特殊事件，而是反映了群體性的道德失語。當謀取私利成爲至高標準，當身邊充滿欺詐、戾氣、冷漠，我們還能相信什麼？還能有安全感嗎？還能在這樣的大環境中獨善其身嗎？所以說，道德不是空洞的教條，不是高高在上的，也不僅關到社會風氣，而是和每個人的生活休戚相關。

從另一方面說，雖然每個人都希望社會道德水準得以提升，可當道德和自身利益發生衝突，且這些行爲已司空見慣時，我們是隨波逐流，站到利益這邊？還是毫不猶豫地遵循道德？爲什麼在何去何從的抉擇中，道德總是顯得蒼白無力，讓人很難說服自己？爲什麼道德不能成爲我們自覺、主動的第一選擇？

說到道德，又和宗教、哲學密切相關。事實上，所有道德都不是孤立的，而是建立在相應的宗教、哲學和社會背景下。在今天這個時代，我們應該怎樣認識道德？道德的價值是什麼？道德和利益究竟是什麼關係，是對立還是相輔相成的？

自漢魏以後，中國傳統文化主要是儒釋道三家。如何挖掘其中內涵，建立適合當代的道德體系，增進國人的精神追求和道德建設，使社會健康發展，是我們今天面臨的重要課題。這就離不開對傳統文化的學習、研究和傳承。只有深入了解，才能去蕪存菁，繼承其中的優良傳統，而不是陳規陋習。

今天我主要從佛教的角度，談談道德的相關問題。

何爲道德

「道德」一詞，人們耳熟能詳。即使在道德日漸邊緣化的今天，人們依然會用「這人很有道德」「這麼做太缺德了」來評價周遭人事。可見在內心深處，人們依然對道德有一份認可。但這種認可往往只是模糊的感覺而已，一般人並不清楚道德究竟是什麼？在我們的人生和社會中扮演什麼角色？起到什麼作用？

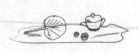

道德屬於倫理學的範疇

在西方哲學中，道德屬於倫理學的範疇。早在古希臘時期，亞里斯多德就著有《尼各馬可倫理學》，這是西方最早的倫理學專著，探討了道德行爲的發展和道德關係的各種規定，系統闡述了至善就是幸福等觀點。簡單地說，就是探討行爲的合理性，從而塑造健康人格，建設和諧社會。

倫理學又稱道德學，是以道德爲研究對象，探討道德的本質、起源、發展，及道德的原則、標準、教育等問題。其中，最重要的是道德與利益的關係，個人利益與整體利益的關係。這也是我們下面將要探討的。

儒家對道德的定義

中國古代雖然沒有將倫理學列爲專門學科，但特別重視做人的教育，重視倫理綱常。早在公元前六百多年，《管子》就提出：「禮義廉恥，國之四維。」將道德當作維持國家發展的法度，認爲四維不彰將招致亡國的後果。可以說，是對道德及其作用的高度推崇。

而由孔子提出，經孟子和董仲舒完善的「仁、義、禮、智、信」五常，千百年來更是爲國人所熟知並遵循，是爲人處世的基本德行。其中，又以仁和義爲核心。「仁」就是以人爲本，上下相親。《論語》中，提及「仁」之一字約百處，如「知者不惑，仁者不憂」「仁者安仁，知者利仁」「克己復禮，天下歸仁」「當仁不讓於師」等。孟子則從孔子的仁學思想出發，將此發展爲包括政治、經濟、文化等方面的施政綱領，是爲仁政。此外，孟子還對「義」高度推崇，以此作爲個人道德修養的標杆。他所提出的「捨生取義」，千百年來激勵了無數仁人志士，成爲不少人在生死關頭時的選擇。「義」主要包括兩方面，一是指行爲的高尚和公正，如正義、道義；一是體現爲公益性和利他性，如義工、義舉等。

儒家重視道德，尊道德爲立身之本，並以此區分君子和小人。能遵守「仁義禮智信，溫良恭儉讓」的德行，就是君子，反之則是小人。進一步，還要成爲孟子推崇的大丈夫，所謂「富貴不能淫，貧賤不能移，威武不能屈」。而最高境界則是內聖外王，內在具備聖賢品質，對外又能治國平天下，令天下歸心。

總之，從君子到大丈夫，乃至成聖成賢，甚至維持社會的和諧安定，都要以道德爲基礎。當人們接受了相關教育，對聖賢品格心生嚮往，才會見賢思齊，自覺遵循道德。

佛教對道德的定義

佛教中，對道德的定義就是「善」。佛教經典浩瀚，法門眾多，但基本思想就是「諸惡莫作，眾善奉行，自淨其意，是諸佛教」，又稱七佛通戒偈，是過去七佛對弟子們的共同教誨。可見，止惡修善、淨化內心正是佛教倫理學的核心所在。

那麼，佛教所說的「善」到底有哪些內涵？

本質上，善具有安隱的特點。《大毗婆沙論》云：「性安隱故名善。」《俱舍論》亦云：「安隱業說名爲善。」佛教所說的善，首先在於善心，然後才體現在行爲上，而不僅僅是從行爲來判斷。這些善的心理能給人帶來安定、平和。關於這一點，很多人應該有切身體會。我們生起善的心念時，即使還沒有付諸行動，當下就是安定平和的。

在作用上，善能爲今生和來世帶來利益。《成唯識論》云：「能爲此世、他世順益，故名爲善。」佛教對生命的思考是建立在過去、現在和未來三世，對利益的考量也是同樣。善的心行不僅對當下有益，還能帶來未來的安樂。反之，如果這個行爲會招致未來苦果，那就是不善行。

我們倡導道德，首先要認識踐行道德的價值是什麼。也就是說，這麼做能達成什麼目標。遵循儒家道德，能讓人成就君子、大丈夫、聖賢的人格。遵循佛教道德，也有不同層次的成就。從人天乘來說，踐行五戒十善，可以成爲品行高尚的人；從聲聞乘來說，踐行別解脫戒，修定發慧，可以成爲阿羅漢那樣的解脫聖者；從菩薩道來說，發菩提心，行菩薩行，可以成就佛菩薩那樣無限慈悲、智慧的生命品質。

道德不僅能讓自己受益，還能利益大眾，建設和諧社會。多一個人遵循道德，就會多一分正能量。當這種力量傳遞出去，有些人會因爲看到榜樣而效仿，有些人會因爲吾道不孤而有堅持的勇氣。如果人人遵循道德，就能改變這個共業系統，變娑婆爲淨土。不要覺得個人力量微不足道，事實上，社會就是由個體組成的，共業系統也是由眾生的業力匯聚而成。我們改變自己，就在改變其中某個因緣，進而影響更多的因緣。

道德的基礎

道德不是簡單的教條，不是學校或單位的規章制度，也不同於法律。如果把道德當作教條，一定會後繼乏力。改革開放後，人們之所以迅速摒棄道德，固然有經濟等原因在，關鍵還在於，道德在很長時間以來被完全架空，讓人覺得道德只是口號，不必當眞。如果像制度或法律那樣，透過外在約束產生作用，也會存在這樣那樣的漏洞。正因爲如此，社會上才會有所謂的灰色地帶，會有很多人鑽法律的漏洞。

而道德是建立在哲學或宗教的基礎上。如果人們認可這種哲學或宗教，認可道德帶來的價值，就會主動踐行道德，因爲這是我們自身的需求，自覺的選擇，不是誰強加於我們的。這種思想認識，正是道德扎根的基礎。

神本和人本

道德的基礎大體可分兩類，一是神本，一是人本。

所謂神本，就是依基督教、伊斯蘭教等神教建立的道德，特點有二：其一，道德來自神的啓示；其二，對善惡的判斷取決於神。違背神的旨意，就意味著違背道德。《聖經》記載，人類祖先最初在伊甸園享樂，因爲不聽上帝所言，偷吃禁果，結果被逐出樂園。人類作爲他們的子孫，生生世世背負著原罪，這是世間一切罪惡和災難的根源。在伊斯蘭教中，對於道德或行爲善惡，也是由眞主根據其行爲動機做出最終判決，關鍵在於能否服從並取悅眞主。

而人本道德是根據人類自身需要建立的，是實踐人生理想和精神追求的手段。儒家認爲人應該成爲君子，成爲聖賢，這就必須遵循相應的道德準則。而佛教認爲眾生都具有佛性，只有開顯這一寶藏，成就佛菩薩那樣慈悲、智慧的生命品質，才不辜負此生。如何開顯佛性？就要遵循道德，包括人天乘、聲聞乘和菩薩乘的行爲準則。作爲佛弟子，我們把佛菩薩當作老師和榜樣，學佛所言，行佛所行，而不是一味祈求他們的恩寵。

總之，兩者的根本區別在於，神本道德源自神啓，對道德的判決也來自神；人本道德是基於對自身的認識而建立，對道德的判決同樣在於人。當然這不是根據個人感覺來選擇，而是立足於生命延續的因果規律。

依人性建立相對的善

既然人本道德是根據人自身的需求而建立，就離不開對人心和人性的認識。

孟子認爲，人心具有四端，是仁義禮智建立的基礎：「惻隱之心，仁之端也；羞惡之心，義之端也；辭讓之心，禮之端也；是非之心，智之端也。」其中，惻隱是仁愛建立的基礎，羞惡是道德建立的基礎，辭讓是禮教建立的基礎，明辨是非是智慧建立的基礎。

雖然這些善心人生而有之，但很微弱，必須進一步發揚光大。所以孟子強調說：「凡有四端於我者，知皆擴而充之矣，若火之始然，泉之始達。苟能充之，足以保四海。」善心就像火苗，開始只是星星之火，但假以時日，也可以燎原；又像泉水，源頭只是涓涓細流，但奔流而下，最後將匯聚成江洋。如果我們認識並發揚這些善心，就能修身、齊家、治國、平天下，從完善自我到造福蒼生。

佛教所說的慚愧二法，和儒家的羞恥之心類似。《雜阿含經》說：「有二淨法，能護世間。何等爲二？所謂慚愧。假使世間無此二淨法者，世間亦不知有父母、兄弟、姊妹、妻子、宗親、師長尊卑之序，顚倒渾亂，如畜生趣。」告訴我們，慚和愧是護持世間的兩種清淨善法。人類因爲有慚有愧，才會有人類社會的倫理綱常，長幼尊卑，否則就和動物無異了。

不僅如此，慚和愧還分別對應了個人道德和社會公德。《長阿含經》說：「知慚，恥於己闕；知愧，羞爲惡行。」慚，是認識到生而爲人應有的尊嚴，當我們看到自身行爲與此存在差距時，就會生起羞恥心，不願德行欠缺。愧，是認識到公共道德對維護社會的重要性，看到自己做了不善行甚至犯罪時，同樣會生起羞恥心，不願爲非作歹。

可見，慚和愧是建立倫理道德的重要基礎。在這一點，儒家和佛教的倫理有相通之處。

依良知和佛性建立絕對的善

說到善，有相對和絕對兩個層面。慚愧心是從做人的層面探討道德，是最基本的。此外，儒家的理想是成爲聖賢，佛教的目標是成就佛果。爲達到這些目標，必須超越相對的善，開發絕對的善。

怎樣才能成聖成賢，成就佛菩薩那樣的品質？首先要發願，但僅僅靠願力是不夠的。關鍵還要認識到，人有沒有成爲聖賢乃至佛菩薩的潛能？如果沒有這種潛能，就像蒸沙成飯，再努力也是白搭。

佛性思想告訴我們：每個人都有成佛的潛能。在這個層面上，三世諸佛和六道眾生是平等無別的。佛之所以能成佛，並不是因爲他成就了外在的什麼，不是另外修成了一個佛，而是以智慧開啓了內在佛性。這是我們本自具足的，在聖不增，在凡不減。只是眾生的佛性被無明遮蔽，雖有若無。修行的根本，就是認識並開啓這一寶藏。這是佛陀悟道時發現的，也是他對世界最大的貢獻。

禪宗就是立足於對佛性的認識基礎上修行。《六祖壇經》開篇指出：「菩提自性，本來清淨，但用此心，直了成佛。」告訴我們：每個人都有覺性，本來就是清淨圓滿的，只要開啓它，就能成佛。雖然開發覺性並非易事，但我們首先要有這樣的擔當，而不是妄自菲薄，永遠把自己當作卑微的眾生，當作業障深重的凡夫，那就沒有希望了。

儒家也有相應的思想。《孟子盡心篇》說：「人之所不學而能者，其良能也；所不慮而知者，其良知也。」但這裡所說的良知良能，還是偏於相對的善。到宋明理學，尤其是王陽明的心學，明確提出「致良知」的主旨。這一思想受到佛教心性論和禪宗的影響，認爲成聖成賢的關鍵，就是認識到生命內在的智慧光明，進而知行合一。

總之，人本道德是從自身尋找道德建立的基礎，而不是依賴於神。同時看到，實踐道德會給生命帶來什麼改變，以及這種改變的意義所在。這一認識至關重要，只有當道德成爲自身需求和人生目標，我們才能主動踐行，而不是礙於某種外在制約被動應付，或是僅僅用來作秀，成爲表裡不一的僞君子。因爲我們深知，實踐道德關係到自身成長，眞正受益的首先是自己。

道德和利益

利益是人類最爲普遍、近乎本能的追求，正所謂天下熙熙，皆爲利來；天下攘攘，皆爲利往。尤其在改革開放的浪潮下，這種壓抑多年的追求，有如決堤之水，變得比以往任何時代更爲迫切。在這急功近利的背景下，道德遭受了前所未有的考驗和衝擊。很多人覺得，賺錢只要遵守市場規律即可，和道德無關。尤其在兩者面臨衝突時，利益似乎總能取得壓倒性的勝利。

見利忘義成爲社會風氣時，我們失去的僅僅是「義」嗎？短短幾十年，社會問題層出不窮，僞劣商品鋪天蓋地，生態環境日益惡化。而人們在物質條件有了極大改善後，幸福感並沒有隨之提升，卻要面臨食物乃至藥品中存在的種種不安全因素。這一切的根源，就在於忽略了道德建設。當我們眼前只有利益，甚至爲謀利違背道德後，苦果是必然的，是誰也無法倖免的。

所以，我們需要重新認識道德和利益的關係，兩者究竟是對立的，還是相輔相成的？

儒家重義而輕利

儒家推崇君子的人格。作爲君子應該怎麼看待利益？《論語》的標準：「見利思義……亦可以爲成人矣。」告訴我們，面對利益時必須想到道德。只有遵循道德，才能成爲合格的人，反之則是小人，所謂「君子喻於義，小人喻於利」。如果只看重眼前的個人利益，就會一葉蔽目，看不到長遠利益，更看不到他人和社會的利益。由此

做出的選擇，必然是短視的，不可取的。

如果說《論語》還關注義和利的平衡，那麼《孟子》的思想，則體現了重義輕利的傾向。孟子見梁惠王，王說：你不遠千里而來，能爲我們國家帶來什麼利益？孟子的回答是：「王何必曰利？亦有仁義而已矣。」你要講仁義，要看重道德，不要只講利益。

這種對仁義的推崇本是正向的，卻在流傳過程中逐漸導致一種誤解，那就是把利益和道德對立起來，覺得只能重視道德，不能在乎利益。其副作用在於，有些人並沒有眞正重視道德，但生怕被視爲小人，就裝作很有道德，結果成了僞君子；也有些人以爲二者非此即彼，必須做出取捨，既然要追求利益，就得排斥道德，結果成了眞小人。

當整個社會認可道德時，僞君子顯然會更有市場。但這種做法不僅自欺欺人，也會動搖人們對道德的信心。因爲道貌岸然的僞裝終歸是不長久的，終歸會被人識破。結果在否定僞君子的同時，也使得被他們利用的道德受到質疑，不斷貶值，甚至最終崩塌。

從另一個角度來看，一旦失去外在的道德約束，欲望就會井噴式地爆發，催生種種不善心行，愈演愈烈。近幾十年來的社會亂象就充分說明了這一點。中國作爲一個文明古國，禮儀之邦，何以如此迅速地摒棄道德，走向另一個極端？關鍵在於，道德在很大程度上被架空了——既然它不能帶來利益，甚至妨礙人們追求利益，還有什麼存在價值？而在摒棄道德的同時，很多行爲就失去了基本的尺度和秩序，使人性之惡有了太多出口。

所以，正確處理道德和利益的關係是一項重要課題。如果人們認識到，實踐道德和追求利益並不衝突，且有助於獲得利益；反之，不講道德非但傷害他人，自己就是最大的受害者，還會對道德敬而遠之嗎？

佛教將義與利相結合

從佛教角度來說，既重視道德，也不排斥利益，並不是像人們以爲的，學佛後就把金錢視爲萬惡之源。佛教認爲財富本身是中性的，它會成爲毒蛇還是淨財，關鍵在於我們怎麼取得和運用。除了物質利益，佛教特別重視精神利益。學佛離不開福報，所以要集資培福，同時還要進一步積累功德法財，這樣才能自利利他。

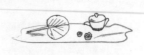

那麼，佛教所說的利益有哪些內涵？道德和利益又是什麼關係？

第一、現實利益和究竟利益

佛教中，把人生利益分成兩類，一是現實利益，一是究竟利益。所謂現實利益，從生活角度來說，就是身體健康、心情愉快、家庭幸福、事業順利、人際關係和諧；從修行角度來說，就是具足十圓滿、八無暇的人身。我們立足於人天乘教法，遵循五戒十善，就能在今生或未來感得這些果報。

但僅僅這樣還不夠。哪怕今生過得再好，也不過是短短幾十年，死了之後怎麼辦？生命的意義就是這些嗎？所以佛教還強調究竟利益。對人生來說，現實利益是短暫而無常的，因爲生命還存在永恆的困惑，包括對自己的認識，對生死的認識，對世界的認識。我是誰？生從何來，死往何去？活著的意義是什麼？這些問題不會因爲生活富足就不存在。如果找不到答案，我們是無法安身立命的。這就必須徹底擺脫內在迷惑，開發本自具足的覺悟潛能，成就究竟利益。

可見，佛教並不排斥利益。佛陀說法時，爲了讓聞者生起求法意樂，往往會告訴大家：學習這部經典將給生命帶來什麼利益。而且會根據對象的不同根機，「先說端正法，後說正法要」。也就是先說人天福報，告訴人家怎樣過好世間生活；再說學佛的不共利益，告訴大家怎樣走向覺醒和解脫。

作爲學佛者，我們既要關心現實利益，又不能停留於此，還要進一步追求究竟利益，讓生命盡未來際地得到福祉。這樣才有能力幫助天下蒼生，像佛菩薩那樣自利利他。

第二、道德與利益的因果關係

怎樣成就現實乃至究竟利益？從佛教看來，利益和道德有著必然的聯繫。佛教對宇宙人生的解釋，可以概括爲「因緣因果」四個字，所謂「諸法因緣生，諸法因緣滅，我師大沙門，常作如是說」。佛教的世界觀告訴我們：生命是無盡的積累，從無始的過去一直延續到無盡的未來。今生只是其中一個片斷，就像大海的浪花。浪花時時生滅，而大海常在。

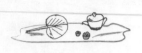

生命延續最主要的因，就是我們的行爲，包括身語意三業。首先是思想的行爲，以意業爲本，導致身體的行爲、語言的行爲。所有行爲發生後都會有內外兩種結果。外在結果是有形的，包括學習、工作、生活的成果。內在結果則是由此積累的生命經驗和心理力量，雖然是無形的，但作用更爲長久。

如果把心比作一片田地，我們的所思所想、所作所爲就是在心田播下種子。正是這些種子，造就了我們的存在。我們是什麼樣的存在，幸福還是痛苦，健康還是不健康，都取決於自己所造的身口意三業。曾經發生的行爲是因，當下的生命狀態就是果。而我們現在的行爲又會成爲新的因，形成未來的生命結果。

既然行爲有這麼大的作用，怎麼選擇就變得特別重要，這將直接關係到自己的身心健康，關係到現實乃至究竟的利益。而道德是代表正確的觀念、良好的行爲、健康的生活方式。所以說，道德是成就利益的因，而利益是道德行爲的必然結果。

第三、依因緣因果建立道德的價值

從因果角度來看，道德行爲會給人生帶來哪些價值？

首先，道德會培養出良好的心態，高尚的人格。在某種意義上，我們可以把道德理解爲健康的心理，反之則是不健康的心理。所以，踐行道德就是在不斷發展正向心理。其實生命也是一個產品，由材料決定它的品質。這個材料就是我們的思想、語言和身體行爲。爲什麼生命品質有高下之分？就是因爲思想觀念不同，行爲方式不同。

我們都希望成爲更好的自己，但現代人往往只關注外在，塗塗抹抹，精心裝扮，卻忽略了內在德行。在傳統文化中，儒家所說的「里仁爲美」「禮之用，和爲貴，先王之道，斯爲美」，就是以德行爲美。而在佛教中，則是以佛陀具足的三十二相八十隨形好爲圓滿。這樣的美是來自歷劫的修行，來自慈悲和智慧的生命品質，是內在美

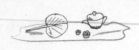

的外化。

其次，道德不僅能豐富精神財富，還能帶來物質利益。如果一個企業家有利他心，誠信經營，加上有效的管理，一定會得到社會大眾的認同。有些人說：大家都不講誠信，我爲什麼要講？大家都在利己，我爲什麼要利他？其實我們不妨想一想：如果自己交友或尋找合作夥伴，喜歡講誠信還是不講誠信的人？喜歡自私自利還是顧全大局的人？事實上，我們都希望自己的朋友誠實守信，樂於助人。推己及人，如果我們自身具備這些品質，才會有更多人願意和你合作。

現代社會注重人脈，被更多人認同，就會有更多機會，做事更容易成功，所謂人脈就是錢脈。我們再看那些百年企業，哪一家不是有良好的口碑和企業文化？在他們的成功經驗中，一定離不開對道德的推崇和踐行。所以說，道德能帶來精神和物質的雙重利益。

佛法是人生的大智慧，其道德觀包含不同層面。有人天善法，有邁向解脫的戒律，還有成爲菩薩的道德準則，能滿足不同根機者的需求。對初學者，不會因爲起點過高而難以契入；對有心深入者，每個階段都有更高的目標，可以引導學人不斷提升，成就終極價值。

第四、佛教道德令自他和樂

佛教道德不僅能培養自身高尚人格，還能利益他人，建設和諧社會。西方文明對世界的改造主要偏向物質，但因爲忽略對人自身的建設，導致諸多問題。在歐洲一些高福利國家，生活條件可謂優越，自殺率卻居高不下。爲什麼這些衣食無憂的人會放棄生命？什麼是他們難以承受和超越的障礙？歸根到底，無非是心的問題。

而佛教道德乃至一切修行，都是建立在心的基礎上，透過對心的認識和調整來淨化心靈。人心健康了，一切問題也就迎刃而解。所有的不良行爲乃至犯罪，不外乎是殺、盜、淫、妄。而佛教的四條根本戒律，就是不殺生、不偷盜、不邪淫、不妄語，也可以說是佛教的基本道德，是自他和樂的前提。如果每個人都能遵循這些規範，我們就不必擔心被人傷害，被人偷盜，被人欺騙，也不必擔心家人行爲不忠。這種沒有猜疑、充滿信任的社會，是多麼令人嚮往。

這種安全感不是法律能夠提供的。法律是在犯罪行為發生後對其加以制裁，但傷害已經造成，以後也不會杜絕。而道德和戒律的作用是防患於未然，是透過杜絕不良心行，從根本上解決社會問題。

除了以別解脫戒阻止不善行，大乘佛教還有菩薩戒，包括攝律儀戒、攝善法戒、饒益有情戒。我們不僅要積極斷惡，還要努力行善，成就慈悲。當我們接受這種道德教育，就會把幫助他人當作自己的擔當，當作不可推卸的責任，因為這是改善生命品質所需要的。在這個層面，自他雙方的利益是統一的，個人和社會的利益也是統一的，幫助別人就是在幫助自己，自我成長就是在利益社會。這樣的道德才會有長久的生命力。

道德的建立和提升

道德是建立在不同的哲學和宗教體系之上，其高度取決於這種哲學和宗教的高度。反過來說，如果這種哲學或宗教存在局限，也會影響到由此派生的道德。人類提倡道德，本來是要解決問題的，但如果道德本身存在缺陷，就會在解決問題的同時，帶來其他困擾。又或者，在這種道德和那種道德之間，因為不同的文化背景產生衝突，甚至是不可調和的衝突。如何解決這些問題？首先要了解，什麼是道德的局限？

道德的局限

一般宗教的道德，是立足於對神的信仰。尤其是一神教，特別強調神的唯一性，亦即只有我信仰的才是真神。於是乎，這個唯一和那個唯一很容易產生對立，進而導致宗教之間的衝突，甚至升級為戰爭。從古代的十字軍東征，到今天的以巴衝突，這種災難從未停止。

此外，神本宗教還存在信徒和非信徒的界限。基督教中，凡是信主者才會成為上帝的選民，受到神的恩寵，在死後上升天堂，而其他人則會在末日審判時落入地獄。印度婆羅門教中，則將人分成婆羅門、剎帝利、吠舍、首陀羅四個種姓，生來就有貴

賤之分。之所以會有這些區別，因爲他們是在梵天的不同部位出生。可以說，是神決定了他們的生命道路，造成了這種不平等。

西方在文藝復興後，人本思想逐漸成爲主流，以人爲萬物之靈，而地球上的一切都應該爲人服務。當人類只考慮自身利益，必然會帶來自我擴張。在國家和國家之間，會因爲搶奪資源引發戰爭；在人類和動物乃至環境之間，會因爲人的利益傷害動物，破壞環境。

在人類中心主義的背景下，人的利益被視爲價值原點和道德評判的依據。簡單地說，就是一切從人的需要出發。這一定位使地球資源迅速被消耗，被汙染，也使無數物種瀕危或是被滅絕。僅僅從人的角度來看，這麼做似乎天經地義。但這種觀點是狹隘而短視的，事實上，人類正面臨生態持續惡化所帶來的危機，並已深受其害。在這條不歸路上，我們還能支撐多久？

所以現代的深層生態學特別強調生態中心主義。人應該把自己當作地球生態的一個環節，而不是中心。所有生命都是平等的，人和環境也是相互依存的。只有這種建立於生態中心主義的道德，才能長治久安，眞正有助於環境保護。否則，所謂的環保不過是另一種形式的爲我所用，還是不能從根本上解決問題。

由此可見，如果道德自身存在局限，只是從某個角度看待問題，制定規則，而不是立足於圓滿的智慧，就會在滿足一部分人利益的同時，帶來其他問題，甚至給人類乃至環境造成不可逆轉的傷害。

道德的提升

如何擺脫道德的局限？佛法爲我們提供了智慧的引導。佛法是佛陀親證的、宇宙人生的眞相，在此基礎上，佛陀施設了一套修行途徑，幫助我們踐行並提升道德。

第一、發菩提心，樹立理想

佛教強調發菩提心，這是一種崇高的利他主義精神。它所利益的對象是無限的，不是以少數人的福祉爲目標，不局限於某個民族，也不局限於人類，而是以一切眾生爲所緣；不局限於某個國家，也不局限於地球，而是以十方法界爲所緣。立足於這樣的定位，就不會因爲部分人的利益傷害另一部分人，也不會因爲人類的利益傷害動物，或是因爲有情的利益傷害環境。這個定位非常重要。如果道德的目標不是所有生命，不是天地萬物，必然會顧此失彼。

菩提心不僅所緣廣大，還有無限的智慧，代表究竟的覺醒。發起菩提心，就意味著我們要走向覺醒，進而幫助一切眾生走向覺醒，離苦得樂。這是實現最大的福祉，而不僅僅是眼前利益。而且這種利益是沒有任何副作用的，對每個人，乃至整個社會都具有永恆的價值。

第二、以智慧和慈悲去除局限

某些哲學和宗教在給人們帶來利益的同時，總會有或多或少的副作用，關鍵就在於「我」。而佛法正是讓我們突破「我」的局限，學會用因緣因果看世界。

因爲有我，就意味著唯一性、主宰性，同時也意味著排他性。只要建立中心，就必然會有局限，會帶來二元對立。以個人為中心，就有人與人的對立；以民族為中心，就有民族和民族的對立；以國家為中心，就有國家和國家的對立；以人類為中心，就有人類和動物的對立。

習主席提出「人類命運共同體」，這個見地很有高度。所謂共同體，不僅包括全人類，還包括生態環境。因為環境也是世界的重要組成部分，環境和人是相互依存的。佛教所說的依正不二和無我的智慧，就是幫助我們去除二元對立，包括人與人、民族與民族、國家與國家、人類與環境的對立。只有消除對立，不是立足於局部利益建立的道德準則，才不會有任何副作用。

關於這個問題，佛法智慧主要給我們兩方面的理論支持。一是在空性的層面，說明一切眾生乃至天地萬物從根本上是一體的，沒有彼此之分。一是在慈悲的層面，提出「無緣大慈，同體大悲」，沒有親疏之別。在世間法看來，人類有著共同的祖先，是由為數不多的一部分人逐漸繁衍為現在的幾十億人；在佛法看來，在無盡輪迴中，我們和六道一切眾生都曾有過父母、兄弟、姐妹的關係。傷害他人，就是傷害我們的

親人，從根本上，就是傷害我們自己。

今天的社會是一個唇齒相依的社會，佛法的空性智慧和慈悲精神，引導我們以緣起的眼光看世界，跳出國家主義、民族主義、個人主義，認識到彼此的密切關聯，從而超越道德的局限。

第三、以禪修實踐調整心行

生命是無盡的積累，每個人都帶著過去的生命經驗。有些人很善良，很有愛心，也有些人瞋心很重，破壞力強，甚至喜歡犯罪。有時候，不是我們想做個好人，就能夠成爲好人，因爲這顆心是動蕩而混亂的，讓人身不由己。所以我們不僅要建立高尚的理想，還要有能力改造自己。這就必須透過禪修，培養調心的能力。

如果我們不對心加以訓練，是無法讓心乖乖聽話的，反而會被不良習氣左右。現在很多人被手機、遊戲控制了，即使意識到這個問題也難以改變，因爲我們根本就管不住自己。

佛教的禪修實踐，是透過四念處等方法，對心行加以訓練，提高自我管理能力，從而消除不良習氣，開啓積極、正向、有利社會和諧的正向力量。只有這樣，我們才有能力眞正地遵循道德，斷惡修善。否則，即使我們想成爲好人，心也會從中作梗，讓人做不到位，甚至偏離方向。

總之，佛教的智慧引導和禪修實踐，能有效解決道德的局限性。在這個全球化的時代，特別需要這樣一種普世性的道德，改變世界存在的各種衝突，以及環境存在的生態危機。

佛教道德在當今世界的價值

在科技日新月異的今天，物品的更新迭代越來越快。尤其是電子產品，一種新款上市後，不必多久就被淘汰了。那麼，有著兩千五百多年歷史的佛教道德，爲什麼還沒有過時？原因在於，佛教道德是針對人性而施設的。世界在變化，生活在變化，但人性並沒有得到相應提升。無明我執還是依舊，貪瞋癡煩惱還是依舊，如果說有什麼

不同，那就是煩惱的程度更甚，破壞力更強。所以說，這個時代比以往更需要道德。

發展帶來的問題

我們關注科技發展，關注產品的更新，卻很少關注自己的提升。人工智慧的發展，使得機器越來越接近於人。由此帶來的便利和誘惑，卻使人越來越離不開機器，離不開虛擬世界，也越來越找不到自己，引發了一連串心理乃至倫理的問題。

在這個背景下，人類對自身的認識和提升，將是未來社會健康發展的關鍵所在，這也是實現「中國夢」的重要基礎。現在政府一直倡導弘揚傳統文化，建立文化自信。透過對傳統文化，尤其是儒釋道思想的學習和研究，挖掘其中的精神財富，可以幫助民眾提升自身素質，培養良好心態。

如果不從人心著手，科技越發達，人的破壞力就越大，潛在的危險也越多。問題還在於，我們不知道身邊哪個人心態失衡，不知道危險會在何時發生，也不知道如何才能避免。想一想近年發生的各種惡性事件，想一想那些無辜的受害者，我們能安心嗎？解除這一危機的根本，就是解除人們內心的瞋恨，解除一切不良情緒。世界的和平，是來自人內心的和平，而不是外在的制約和抗衡。

另一個突出問題，是人與人之間的冷漠。現在每個人最親近的是手機和網路，連家人之間的交流也日漸減少。過去的大家庭中，四代同堂，其樂融融。而現在兩個人的小家庭關係都搞不好，甚至結婚幾個月就要分道揚鑣。而在陌生人之間，更是冷漠。老人倒地無人敢扶，孩子受傷無人相救，遇到有人求助，第一念就是明哲保身，防止受騙或被牽連。在這樣的共業系統中，世界還會好嗎？人與人之間會在各自的孤島中越走越遠，分崩離析嗎？

此外，還有前面一再提到的環保問題。如果我們缺乏整體的道德觀，一味追求利潤最大化，就會忽略社會的實際需要，製造錯誤導向。全世界每年生產的衣服鋪天蓋地，但廠家還在爲了獲利不斷生產，而商家則繼續透過廣告刺激消費，擴大市場，卻不去考慮，所有的生產都離不開資源，而地球資源是有限的。更不去考慮，其中的很多產品會迅速成爲垃圾，製造浪費，給地球增加難以承受的負擔。

世界的問題形形色色，但在根本上，都是人心的問題。究竟的解決之道，也是從人心入手，建立普世性的道德準則。

依佛法智慧建立道德

人活著必須確立人生觀、世界觀和價值觀，否則就會迷失方向。佛法的價值，就是幫助我們找回自己。

這是人生的大智慧。在此基礎上建立的佛教道德，是遵循因緣因果的規律，而不是以佛陀或某個人的意志決定的。緣起論告訴我們，由如是因，感如是果。只有遵循道德，斷惡修善，人生才會幸福，社會才會健康。反之，則會給自他雙方帶來痛苦和災難。因爲人類命運是一體的，自利和利他是統一的，傷害別人就是傷害自己，利益別人就是利益自己。

如果人人遵循這樣的道德，而不是立足於自身利益，人和人之間還會有自我和他人的衝突嗎？人和自然之間還會有主體和客體的對立嗎？我們還會爲了利己而損他

嗎？緣起的高明就在於，它是從整體而非局部看問題。局部就意味著局限，意味著只能顧及某些人、某些國家或地區的利益，這是和人類命運共同體相違背的。

如果說緣起論是立足於整個法界，那麼心性論就是向內探索，透過對心性的剖析，幫助我們認識自己的心。事實上，兩者只是角度不同而已。佛法認為，心的本質就是宇宙的本質。一切問題的源頭都在於心，解決問題的辦法也在於心。八萬四千法門都是調心之道，所以佛教自古就被稱為「心性之學」。除了這些理論，佛教還有系統的修行理路，如戒定慧、聞思修、信解行證等種種施設。理論和實際的相結合，是我們實踐道德的有效保障。

所以說，佛法是人生的大智慧，佛教道德是人類共同的精神財富。傳承這樣的智慧和道德，不僅對每個生命都有利益，也是當今世界的需要。

結語

以上從五個問題和大家分享了佛教的道德觀，分別是：何為道德、道德的基礎、道德和利益、道德的建立和提升、佛教道德在當今世界的價值。

何為道德，幫助我們認識道德的屬性，道德的定義；道德的基礎，幫助我們認識對道德的定義；道德的基礎，幫助我們認識儒家和佛教道德的主要分類，了解相對和絕對的善；道德和利益，幫助我們認識儒家和佛教對利益的不同定位，以及由此帶來的利弊；道德的建立和提升，幫助我們了解不同道德存在的局限和副作用，以及如何突破局限的途徑；佛教道德在當今世界的價值，則是從發展帶來的問題入手，說明佛教道德的解決途徑，以及自身的優勢。

透過對以上問題的解讀，從不同角度闡明佛教道德的重要性。需要強調的是，建立這一認識，目的是為了踐行道德。在此用一句話作為結尾，就是「從我做起，從現在做起」。

7

唯有內心和平，方有世界和平

——《身體周刊》專訪

蘇州西園戒幢律寺戒幢佛學研究所自二〇〇六年起開始舉辦「戒幢論壇」，至今已有六屆，其中「佛法與心理治療」的專題論壇已舉行過四屆。來自國內外近五百位法師及心理學、教育界、醫療界等專家學者針對「佛法與心理治療——幸福・慈悲・正念」這個主題研討問題。

戒幢佛學研究所所長濟群法師，同時也是中國社科院佛教研究中心特邀研究員。他坦言，如何解決心理問題是佛教界和心理學界共同關心的話題。近來發生的法國巴黎恐怖攻擊事件，令人心情沉重，如何維護世界和平，是所有人必須面對的，只有人的內心和平了，世界才會有眞正的和平。

心理學這個建立在西方哲學基礎上的新興學科，對於心理問題的解決有著非常豐富的經驗，而佛法作爲東方心理學，由釋迦牟尼佛透過親證揭示的諸法實相已傳承了兩千多年，不僅是心靈的智慧，也是解決心理問題的智慧。舉辦「佛法與心理治療論壇」正是爲佛教界法師和心理學家提供一個交流平臺，共同探討、借鑑、解讀和解決人類心理問題，爲社會的和諧、人心的改善貢獻一份力量。

明暘法師有一首詩讚嘆彌勒菩薩說：「大肚能空天下事，慈懷普治世間痾。」以慈悲的襟懷、空性的智慧治療世間疾病，正是佛教的精神所在。

問：您怎樣看待佛法與心理學的關係？

答：自古以來，佛法被稱爲「心性之學」。佛教傳到中土之後，在漫長的歲月中一直起到維護心理健康的作用。佛教僧侶在面對信眾和社會人群時，也一向具有幫助人們舒緩心理痛苦、解決心理問題的傳統。早先，我對心理學並沒有多少直接的認識。當我開始閱讀西方心理學的書籍、參加心理學界的活動後，赫然發現：多年來我經常與信眾對話，幫他們放下內心的某些糾結，歡喜而去，原來這就是在給人做心理疏導。

當然，佛法修行與心理治療的治療深度及最終追求的健康程度，不可同日而語。臨床心理學處理的是異常心理狀態。至於人們在日常生活當中的愛和恨等行爲，只要在一定程度之內，心理學默認爲是正常的，而佛法把這些行爲總結爲貪瞋癡，認爲這是需要徹底斷除的三毒。一個人唯有淨除三毒，才能成爲眞正的健康者。當然，心理學也有很多値得佛法借鑑之處，比如基於科學實驗和臨床治療得出的各種心理學技巧，具有很強的實用性。

問：說到佛法，很多人只留存於燒香拜佛，更對那些深奧的典籍和術語望而卻步。您怎樣看？

答：佛法是人生的大智慧，寺院就是傳播智慧的學校，促進世人解除內心的迷惑、煩惱，成爲有道德、有覺照的人，獲得良好的心境，過上安寧的生活。可是，現代人對於寺院的這種教育功能了解得太少。在大多數人的心目中，佛寺好像只是一個燒香的地方。對於普通民眾而言，透過燒香尋求保佑、尋找安全感，無可厚非。然而每個人內心都埋著無價的寶藏，學會怎樣把這寶藏開發出來，利益自他，豈不是更要緊嗎？

問：佛法具體怎樣解決心理問題？

答：佛法認為，一切心理問題都和我們對世界的錯誤認識有關，只有改變認識，才能消除煩惱、開顯智慧。

觀念會造就心態，而心態會形成生命品質。佛法講「如實見」，就是讓我們正確認識自己，認識到生命由哪些因素組成，潛藏的價值有多大。一個人的價值觀取決於對生命的認識，如同挖礦要了解礦山的價值，生命也是如此。不了解生命實相，就無法了解生命究竟有多大的價值，以及生命中有種種困惑，比如我是誰，我從哪裡來，未來在哪裡？此外，還有貪瞋癡形成的種種負面情緒。人在這些困惑和情緒中往往身不由己。

佛法智慧一方面幫助我們了解生命的迷惑和煩惱，一方面幫助我們認識內在的正向潛能。生命就像河流，從無窮的過去延續到無盡的未來，由此而來的生命經驗會在潛意識中留下記錄，形成心理力量並影響未來生命。錯誤認識會不斷製造煩惱，而生命中最大的誤解就是不能正確認識自己。修行就是正確認識世界，並不斷排除內心負面力量的過程。

佛教的調節身心之道詳細來說難以計數，所謂八萬四千法門，但不論什麼宗派，核心目標都不外乎解決內在的貪瞋癡和開啓生命的良性潛能，並有自己完整的治療方法，包括見地、禪修方法和修行次第等等。佛陀教法的綱領是苦集滅道四諦法門，苦是疾病的痛苦症狀，集是尋找痛苦的根源，滅是疾病痊愈後的狀態，道是治療疾病的方法。學佛修行，就是從認識苦到對痛苦的徹底平息。佛教治療心理疾病的關鍵，是因緣因果的原理，能否徹底解決疾病，關鍵在於能否找到痛苦的眞正成因，從而對症根治。

問：佛法治療心理問題最終所要達到的狀態是怎樣的？

答：佛法修行的目的，是解脫、成佛。所謂解脫，其實並不玄妙，簡言之，就是心靈的自由。每個人都有許多煩惱，每解除一種，心靈就能從這種煩惱製造造的束縛中解脫出來。

當今現世是一個前所未有的躁動時代。這種彌漫在城市乃至鄉村的躁動氣息，正來自我們內在的情緒和煩惱，我稱之爲「心靈垃圾」。環境需要保護，需要治理，我們的內心同樣需要保護和治理，不然就會成爲堆積如山的垃圾場。在這樣的心靈環境下，怎麼可能感知幸福，怎麼可能獲得寧靜？

當所有煩惱被徹底平息，心靈不再有任何躁動、任何不安、任何羈絆，也就是佛法所說的「涅槃」。此時，內心會呈現出無比的寂靜，所謂「涅槃寂靜」。這種寂靜，並不是沒有聲音、萬籟俱寂的靜，而是來自生命內在的寂靜。當心進入這種寂靜狀態，我們就能毫無阻礙地感知一切，包括許多微細的聲音，可以聽到眼睛眨動，聽到螞蟻打架。這種內在的寂靜，來自對空性的體證，也就是佛法所說的宇宙人生的最高眞理。所以說，解脫和涅槃都是心靈抵達的終極境界，而非某種生理現象，不是長生不老，不是羽化成仙。

所謂成佛，也不是成就外在的什麼，成佛的內涵不是其他，而是生命的徹底覺醒，是慈悲和智慧的圓滿成就，這一切都源於對內心的改造。

只要找到正確的方法，循序漸進地落實下去，其實我們大家都可以成爲神醫妙手，治癒自己，救渡眾生。到了後來，沒有哪種病症能纏繞我們，沒有哪種情緒能干擾我們，沒有哪種逆境能讓我們憤怒，沒有哪種誘惑能讓我們沉迷，那就是自在，那就是自由。

8
生活簡單更容易幸福

今天的因從南普陀寺後門拾階而上，行至半山腰處，推開樹木遮掩的一扇舊門，阿蘭若處映入眼簾，這裡曾是弘一法師晚年閉關修行之地，如今是南普陀寺首座濟群法師的住所。院子裡一片清幽的竹林，一隻小松鼠歡快地在石廊外的古樹上跳來跳去，冬日暖陽照耀下，濟群法師面帶微笑氣定神閒地在院內泡茶。

微博傳播人生智慧

濟群法師的微博粉絲人數超過百萬，粉絲裡不乏商界名人、娛樂明星、文化名人。包括王菲、舒淇、李冰冰、安妮寶貝等人都在列。他的微博發文通俗易懂，卻總給人帶來啓迪和思考，傳遞人生智慧，給人心靈的滋養。寥寥數語就有成千條的轉發。在所有出家人的微博裡，他的粉絲數量或許不是最多，但他的零關注在眾多人中卻顯得格外突出。

問：我們通常都會覺得出家人應該在深山古剎修行，聽說您在十幾年前，就開始使用電腦，並建立個人網站，開辦網路佛學院，您當時如何想的？

答：我大概在一九九〇年代就開始接觸網路，並建立屬於自己的網站。多年累積下來的文稿，有不少已經整理成冊出版。寺廟是出家人住的地方，深山修行是一種方式。我們同時肩負著向社會傳播佛法、分享人生智慧的職責。演講、書籍是一種傳播的途徑，在社會進入網路時代後，其實可以透過更便捷的方式和途徑讓世人更親近佛法，了解生命的本質，解脫生活中的困惑。從佛教傳播史上來說，歷代高僧爲了使佛法在不同地區和時代得到傳播，總是以當時的人最容易接受的方式來弘揚佛法。

問：您平時發微博有什麼規律嗎？我們注意到，您的微博發文每一條都有成百上千的轉發和評論，這麼大的訊息量是否會對您平時的修行造成干擾？此外，我看到您的微博有個特點就是零關注、零回覆，這又是爲什麼呢？

答：大多數時候我會把平時修行的感悟記錄下來，但在發布前，會先思考沉澱一下。每天的夕陽都不一樣，大自然如此豐富，忙碌的心卻熟視無睹，我希望自己的一些修行感悟能幫助世人重新審視自己的身心，審視周圍的世界。

零關注，就是無限的關注。零這個數字可以是沒有，但又包含著無限，無時無刻不在關注這個世界。網路訊息化時代會帶來巨大的訊息量，能與這麼多人結緣，分享有價值的人生智慧我內心覺得是件很歡喜的事情。

吃飯、喝茶即是修行

濟群法師的人生佛教叢書被廈門的許多企業家、文化人奉爲深夜心靈讀物，廈門大學管理學院禪學俱樂部每個月定期舉辦讀書沙龍，分享學習心得。濟群法師提出「心靈環保」這個理念，是希望透過學習佛法的智慧，把佛法的智慧轉變成自己的認識，完成觀念改變、心態改變到生命品質的改變。

問：現代人的物質生活水平提高了，但卻更容易焦慮、不安，我們應該怎樣提升自己的幸福指數？

答：文明發展到今天，一個人要有健康的生活方式、健康的身心才會獲得幸福。人和動物的區別在於前者有思想，你看小動物們無憂無慮，有一種單純的快樂。人的煩惱來自私心、恐懼感、憂慮……這一切都跟思想有關，人很容易陷入情緒的泥潭裡。情緒，是人內心生起的一朵烏雲，面對人生，應該看清生命的本質，培養正念，避免負面情緒。保有一顆孩童般的簡單心靈更容易幸福。幸福與否，擁有一個良好的心態很重要。

追求浮華，只會讓心變得更浮躁；回歸自然，才能聆聽到生命內在的安靜。生活在廈門的人其實很有福報，身旁就有大海青山，不時多看看天空看看大海，把自己的生活變得單純簡樸一點。生活一旦複雜了，內心就被塞得滿滿的，容易累，簡樸的生活可以給心靈帶來更多自由。學習禪修，了解自己的心靈，平息內在的焦慮，做自己情緒和生命的主人，才能保證人生的幸福。

問：那麼我們平時在生活中如何去修行呢？

答：我們平日裡的吃飯、喝茶、走路都可以變成修行。比如喝茶，端起茶杯的那一刻，把心放在茶上，觀察茶湯的顏色，用心感受嘴唇與茶杯接觸那一瞬的感覺，喝下茶之後用心體驗，整個過程保持專注，了了分明。把心帶回此時此刻，覺知喝茶過程的身心變化，不評判、不黏著、不逃避。在平時的生活中注意訓練這種內觀能力，保持正念，就能幫助我們在迷茫混亂中，化解各種情緒，做自己的主人，也就能解決各種生活上的問題。

許多人每天都在玩精神穿越，不是活在過去的記憶中，就是活在對未來的幻想中，很少活在當下。禪的智慧，就是要把我們的心帶回當下，活在此時此刻；即便心念在玩穿越，也能保持了了明知，依然活在當下。

法師印象

穿著打了補丁的深灰色僧袍，坐著竹躺椅，搖著手書「無上清涼」的蒲扇，微笑著嫻熟地泡茶，這就是大多數時候，在阿蘭若處看到的濟群法師。

二〇〇七年初，我有幸皈依濟群法師，這些年來在我遇到困惑時，師父的平日言行和著作講義，如指路明燈，幫助我一次次解脫窘境。師父博學廣聞，對佛法研究精深，但是在弘法開示時，往往不是從艱深的佛法入手，而是用最貼近生活的語言，最輕鬆幽默的比喻，教會我們用佛法的大智慧解決生活中的各種問題。

在濟群法師的微博上，只用一些圖片配上幾句簡單的文字，就讓大眾受到很多啓發。現代人往往忙碌於浮躁的生活，微博這種傳播工具，讓普羅大眾很方便就可以接觸到佛法的智慧，讓人們在方寸之間獲得心境的解脫，這便是濟群法師的大慈悲心。

9

身心健康是人生第一財富

——《廈門晚報．健康潮》採訪

借《健康潮》開辦的因緣，記者有幸採訪了濟群法師。法師在禪房阿蘭若處的小院接待了我們。小院周圍滿目青翠，樹影婆娑，遮擋了鬧市的喧囂和紅塵的紛擾，一片清涼。法師以一杯清茶招待我們。伴著茶香四溢，法師就身心健康的話題娓娓道來……

問：您在各地演講時，經常談及身心健康、幸福等問題。您如何看待現代人的健康？

答：健康是當今人類面對的一大主題。對每一個生命來說，身心健康才是第一要務。現在，社會大眾普遍處在亞健康的狀態，不管身體還是心理都處在臨界狀態。不少人身體有病，更多的人則內心充滿了負面情緒，每天生活在恐懼、焦慮、煩躁、仇恨之中。這些負面心理比身體的惡疾還頑固，讓幸福遙不可及！

過去由於物質匱乏，人們總認爲生活條件好了就能幸福。現在很多人有房有車，擁有幾輩子都花不完的財富，卻還是煩惱重重，幸福感並沒有增加。可見，沒有健康的身心，幸福就如同空中樓閣。

現在有不少人關注心靈健康，佛教和其他宗教的教育，乃至各種靈性修養的課程都得到了重視。你們現在也關注這個問題，還是很及時的。

問：大家似乎也明白這些道理，卻很難做到。比如很多人會有惰性，對各種健康方式的嘗試難以持久，感覺無能爲力。爲什麼會有這種無力感？

答：因爲大家普遍生活得很不健康，很多人並不知道如何建立一個眞正健康的生活方式。物質發達，內心躁動，許多人不知不覺中形成了不健康的生活方式。比如，沉迷於網路、遊戲等，通宵達旦，作息時間紊亂。或者暴飲暴食，透過飲食來排解情緒。習慣一旦養成，就會形成力量，不斷地積累，最後形成強大的慣性，成爲內心的各種需求。這些需求就像巨大的洪流一樣，推動我們每天盲目地選擇。事實上，面對社會上的各種誘惑，我們很難做出正確的選擇。前兩天我在微博上分享了三個問題：我們應該相信誰？我們還能保有正確的判斷能力嗎？我們究竟活在一種什麼樣的狀態中？現在的社會潮流發出各種聲音，左右著一般大眾的選

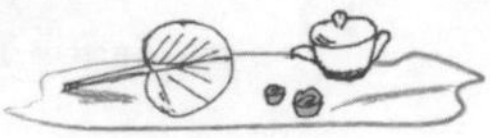

擇，我們盲目追隨，失去自己的判斷。

面對這樣一個現狀，很多人沒有能力去改變，就會陷入無力選擇的狀態：生活條件的無力選擇，比如食品，不是所有人都可以選擇；生活方式的無力選擇，大多數人是被選擇的，隨大流；心理上也無力選擇，被各種需求、情緒左右。可以說，很多人的生活都很混亂，情緒混亂，內心混亂，自己又看不清楚自己的混亂。

現代人的生活方式是一個很核心的問題，它代表著現代文明和科技文明造成的商業現象。正是這種商業現象，造就了現代人的生活方式，是導致身心不健康的一個根源。所以我們要從根本上進行反思，改變我們的生活方式。

問：那麼，我們要怎樣做才能培養健康的生活方式？

答：這需要教育，需要傳統文化的滋養。自古以來，中國以儒釋道爲基礎，培養國人健康的生活觀念，以此建立行爲準則，作爲人格建立的基礎。現在，很多人缺少這樣的基礎，面對各種誘惑時毫無抵抗能力。不但是我們的內心已經被各種需求占據，我們還建立了能夠滿足這些需求的行爲標準。於是乎，我們根本沒有想到，也沒有能力，更不懂得怎樣去改變這些習以爲常的生活方式。唯有繼承、弘揚傳統文化，把健康觀念融入教育中，才能解決這個問題。

目前，中國社會最薄弱的就是教育。我們接受了各種各樣的能力和技能的教育，卻缺少做人的教育，缺少身心健康的教育，尤其是道德標準的教育。以致於不少人連食品也肆意造假，危害社會。其實道德的問題也就是身心健康的問題，不道德是一種不健康的心理。身心健康的人，一定也是有道德的人。

問：您剛才提到佛教，對普通人來說可能感覺有些遙遠，它和我們探討的健康有怎樣的關係？

答：佛教在中國流傳了兩千多年，與本土文化早已水乳交融。儒釋道三家是一個完整的組合：儒，教我們做人；釋，教我們修養心性，明心見性；道，教我們養身。

有些人以爲佛教是迷信，或者只是用來保平安的，這都是誤解。

沒有健康的心理，就沒有眞正健康的身體。當我們說到健康，心理重建、人格重建是最關鍵的，唯有眞正擺脫混亂的心理，混亂的生活方式，才談得上健康。我們藉由佛教的教育，透過修養身性，建立正確的生活觀念，確認生命的眞正意義，讓自己學會主動選擇，就可以達到這個目標。離開修身養性，僅僅接受一點知識性的教育，很難讓我們擺脫混亂的狀態，達到自己嚮往的標準。

問：我們知道您其實很忙，如何做到雖忙碌卻又健康的生活？

答：首先，我有比較放鬆、休閒的心態，用無所得的心做事。我會本著「因上努力，果上隨緣」的觀念去做事，很努力去做，但不執著結果。工作雖忙，心不會覺得累。

另外，有非常明確的人生目標：追求生命的覺醒，也幫助更多的人走向生命的覺醒。這個工作不用擔心「失業」，可以永久做下去，也很有意義。

還要有能力接受這個世界的任何不完美，接納現實中的一切問題，只要用自己的方式盡力去做，任何人的說法都不會對自己造成傷害。

這需要回到我們剛才提到的「修身養性」，否則也只是說歸說做歸做，很多人還是無能爲力改變的。修身養性才是人生最有意義的工作。

問：最後，能否談談您平時的生活？

答：我的生活很簡單，比較樸素。一般早上四五點起床，早點是「西餐」，泡一杯喝的東西，外加一些水果。中午吃自己做的「中餐」，有飯，還有一兩個素菜。晚上是「神仙餐」，其實就是很稀的稀飯，能把月亮倒映其中，故美其名曰「映月稀飯」。

弘法之餘，除了讀書寫作，我也禪修，打太極球。在廈門，除了接待來客，閒暇之時就安靜地看看天、打打坐，上網了解一些社會狀況。偶爾也爬爬山，或到海邊走走。我覺得這是一種很健康的生活方式。

10

慈善的精神

——《胡潤百富》專訪

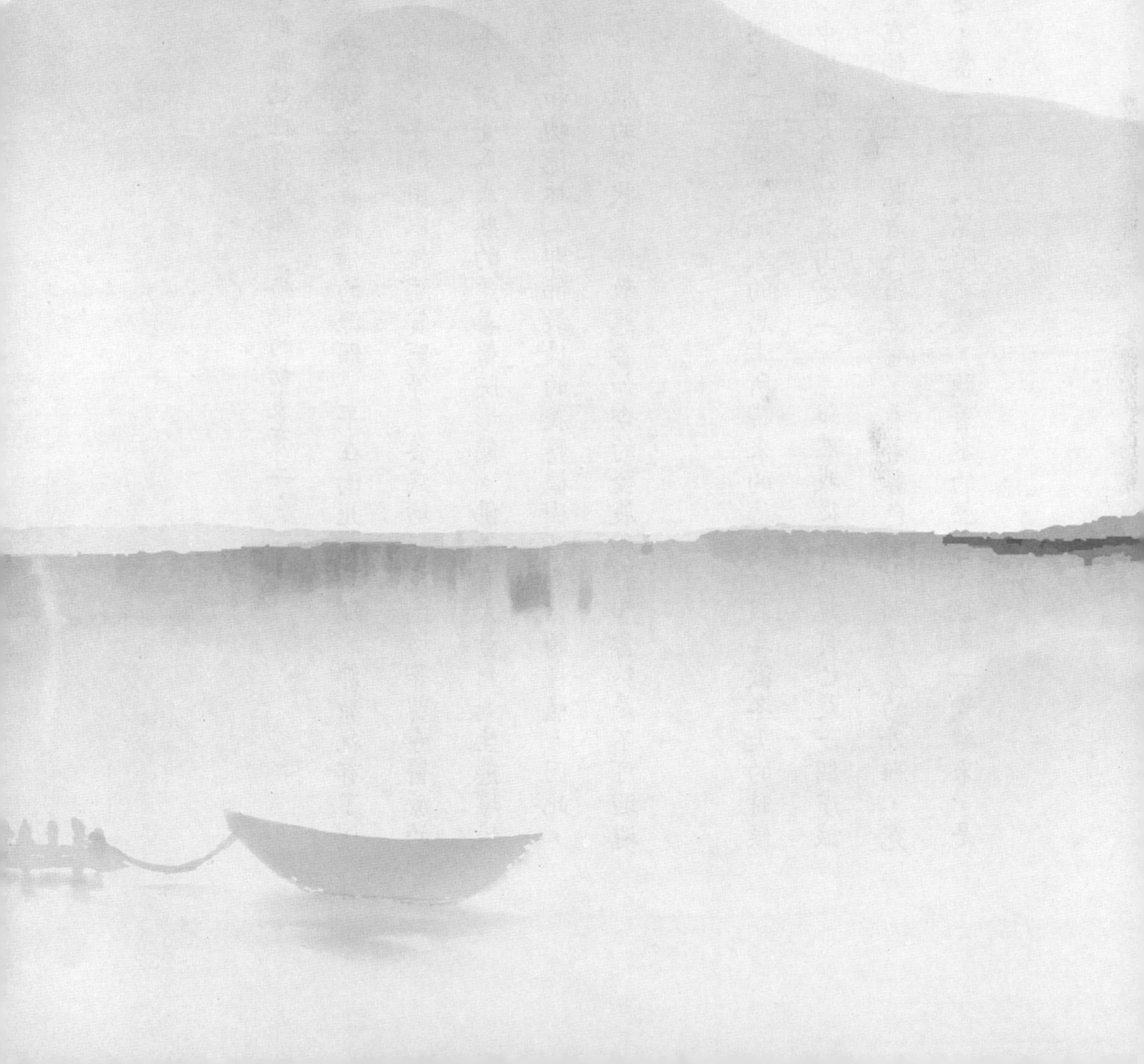

採訪緣起

在慈善榜的這期雜誌裡寫這樣一篇稿的初衷有三：

首先，佛教慈善本就是慈善機構的源頭。早在南北朝時期，佛教就有了這種慈善性質的金融機構，專門用以救濟貧窮等。養病坊、疫病坊等留寺醫療的方式，流傳到了日本，演變爲成熟的慈善醫院形態。佛教有大量針對生態環境保護的善舉，護生戒殺和功德林（即佛教徒的義務植樹活動）的種植。因此，既然要調查走訪慈善機構的現狀，佛教慈善如今的發展和影響當然是不可迴避的話題。

第二個原因，則是一個非常個人的思考所帶來的機緣。我喜歡冬天的時候去普陀山（編按：中國四大佛教名山之一），雖然我從不敢說自己是一個虔誠的信徒，但每次坐在輪船上，聽著汽笛聲響，看著暮色中漸漸遠離的外灘，霓虹閃爍，漸行漸遠，當一切陷入黑暗之後，聽著水的聲音入眠，一覺醒來，是那樣一個安靜的所在。這個過程本身就已經可以讓我一次一次體會「渡」的含義。

到了島上，只有專車，隨招隨停，但大部分時候我寧願選擇散步，時間可以放慢，腳步可以從容。冬天的普陀山因爲寒冷，人相對總是比較少。就是那樣一個冬天，我拿著已買好的返程船票，站在南海觀音塑像的廣場上，一個人閒來無事邊走邊看那些刻在石頭上的捐贈居士姓名。突然發現，有很多捐款數額巨大的，從落款署名看往往是家族企業，根據地區劃分，這些家族企業又多在江浙一帶，或者福建、廣東等地。其實在此之前，我一直有個困惑。爲什麼這些相對富裕的地區更多善男信女？或者說爲什麼這些善男信女多出自這些富裕地區？他們是因爲信了佛所以更容易被觀世音保佑嗎？佛教難道是這樣的，誰信我我就讓他們更容易發財嗎？或者誰供奉我，我就讓誰家庭更興旺，做生意更能避開凶險嗎？這樣的佛教肯定是我們俗人口中常說的勢利。再說，即使這個道理眞的被善男信女無條件地相信，在邏輯上也無法說服我。

但是在那一瞬間，我萌生了另一個辨證的思路，讓我重新體會到「商道」。是否有這樣一個可能，當一個人因爲信仰宗教，因此更守規矩，更講誠信，遇事更懂退讓，寧可少賺一分也要求心裡安穩，這樣的行爲使他們廣結善緣，所以才越來越富有呢？生意場上固然充滿凶險，可是如果你因爲信佛，相信世間萬物自有因果，因此能在追逐獲利中有一點看破，可能反而不會鋌而走險，也因此可以轉危爲安呢？也就是說，其實我們常抱怨的無商不奸，無奸不商，成就的只能是小商小販，而處處唯利是圖，充滿敵意地做人，到最後只會讓自己身心俱損，哪裡還能生意興隆呢？

當時海風冷得有些刺骨，從那天起，我骨子裡那份重「學」輕「商」的思想似乎開始有了轉變。接下來，由於工作原因得以拜訪那些上榜企業家的時候，我的思考逐漸得到了越來越明晰的證實。絕大部分資產已經可以上榜的企業家，與我們想象的「奸商」相反，他們身上所散發出來的沉穩、平和、誠信等特質，讓你在和他們接觸的時候感受到的不是焦躁和狂妄。雖然他們每天運籌大量資金，身陷無數公務，但是，他們只要花時間和你坐下來談話，身上總有一種善的定力讓你願意與之親近。這是紅塵中的佛緣嗎？

社會上那麼多企業家開始做慈善，絕對不是偶然，我希望找到精神上的答案。

最後一個原因，是關於對慈善理解的一些困惑。慈善的核心是慈與善，可是什麼是慈，什麼又是善？整個世界可以透過捐贈的數字去爲慈善排榜，因此我們知道在美國有比爾·蓋茲，在中國有余彭年，他們爲我們做出慈善的表率。但是慈善同時也招來非議，我們經常聽到人抱怨某些慈善機構因爲監督管理不力，善款不能善用，也有企業家做慈善時被指責是炒作宣傳，更有受助者漸漸不思進取養成惰性，所以總聽到人心不古的感嘆。這些與「善」漸行漸遠的事情又是怎麼產生的呢？

帶著這樣的困惑，我們尋訪了很多線索，希望能找到一位高僧接受我們的採訪。可是，我們的佛學基礎有限，在幾乎一籌莫展下，幸虧得到一位朋友利

用休假期間提供幫助，用寥寥數語：「他是漢傳佛教的幾大長老之一，極少數還堅持修學和渡人爲佛法修行根本的僧人」向我推薦了濟群法師。之後，我們順利地找到了濟群法師，因此有了下面的對話。

慈善最核心的精神是什麼？

問：在您眼中慈善最核心的精神是什麼？

答：是慈悲。慈善的行爲，應該出於純粹的慈悲心而非其他。其實每個人都有或多或少的悲憫之心，但這種慈悲心的對象往往是狹隘而有條件的，比如與我有關或有好感的人，即便無關，至少也是不反感的，總是離不開個人好惡。但佛教提倡的慈悲卻有著更爲深遠的內涵，那就是「無緣大慈，同體大悲」。所謂無緣大慈，是不分親疏，平等給予快樂。所謂同體大悲，是沒有自他之別，對眾生所有苦痛皆能感同身受。惟有這樣，才能成就圓滿的慈悲。

佛教還認爲，眞正的慈悲是要幫助人們究竟解決生命的痛苦，這不僅指物質問題，還包括心靈困擾；不僅指現實問題，還包括生死大事。從佛法觀點來看，心才是一切問題的根源所在。只有解除人類生命中的永恆困惑及心靈內在的無明煩惱，才能從根本上鏟除痛苦之源，獲得究竟安樂。

問：在商業文化和社會功利主義盛行的當下，現代社會的生存壓力大，很多人在得與失的問題上找不到平衡點，患得患失，予取予求，包括對待慈善事業也是一樣。在很多情況下，慈善不但不具力量，甚至被懷疑、汙名化，遭到以怨報德。面對這樣的情況，如何修得您所說的慈悲心？如何推進「民心向善」？

答：要平衡得失，首先需要對因果有正確理解。因果有二，一是外在因果，即由言行導致的客觀結果；二是內在因果，即由言行逐步造就的生命品質。很多人做慈善或宣揚慈善，只因爲它是社會大眾推崇的道德行爲。如果是這種外在因果的定位，往往會在付出後希求社會或受助方認同，以此作爲回報，這就難免摻雜功利心，甚至演變成一種變相交易，或是因爲看不到行善的及時回報而失去動力。

事實上，慈善應該是由慈悲心發出的自覺行爲，並在實踐過程中使慈悲心得到增長，人格得到完善，生命品質得到提升，這才是行善的最大回報。而不在於外界如何看待，也不在於受助者是否感恩或誤解。如果我們認識到這一點，認識到慈善對改生命改善的意義，就會有源源不斷的動力，就像人們認識到事業、財富重要時會不懈追求那樣。

至於推進「民心向善」，應該從兩方面著手。首先，幫助民眾正確認識慈善行爲對於自身生命改善的意義，也就是當下利益（令內心調柔安樂）和長遠利益（令生命品質得以提升）。其次，需要大力弘揚傳統文化中的高尚道德理念，如儒家提倡的仁義，墨子呼籲的兼愛，大乘佛教倡導的慈悲濟世精神，這些思想都是鑄造慈悲品質不可或缺的基礎。

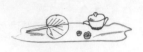

心理呵護重於單純物質幫助

問：寺院目前主要從事哪些方面的慈善活動，活動的核心又分別是什麼？

答：寺院的慈善活動主要有兩類，一是側重精神方面，透過講座、共修、禪修及印贈書刊等方式，幫助人們樹立正確的人生觀念，建立健康的生活方式，從而在各種順逆境界中擁有良好心態，具備直面問題的勇氣和解決問題的智慧。二是側重物質方面，透過扶貧濟困、助學救孤、義診施藥、環保護生等方式，使遭遇困難者得到具體幫助。

問：在您所提及的慈善行為中，經濟救濟和心理安撫是一種什麼關係？目前，獲得心理幫助的是什麼樣的人群？

答：經濟救濟和心理安撫有著共同的目標，就是幫助我們建立幸福人生。因為經濟基礎和良好心態正是構成幸福指數的兩個重點，其中又以心態更為重要。沒有好的

心態，即使身家億萬，錦衣玉食，也只能帶來一些暫時的滿足，無法從中獲得長久穩定的幸福。我們在生活中可以看到，同樣的物質條件和生活環境，有些人能知足常樂，有些人卻怨聲載道，煩惱重重，原因何在？正是不同心態使然。所以說，經濟救濟固然重要，但它所能解決的問題是暫時、局部的。如果不從根本上著手，人們就會不停地尋求外在幫助，甚至因受助而滋生懶惰、依賴等不良心理。因此，在解決物質問題的同時，還要幫助大眾建立積極健康的心態，解除產生痛苦的心理基礎。佛教所說的普渡眾生，就是要從物質和精神兩方面使之獲得安樂。

在一般人的觀念中，需要心理幫助的只是那些心理疾病患者。而從佛教的角度來說，除了佛菩薩這些究竟解除煩惱的聖者以外，凡夫都是需要心理幫助或引導的。人類的一切問題，歸根到底是因爲對生命自身的無知而產生，即佛教所說的無明。因爲看不清生命眞相，就會產生錯誤的人生觀念，由此形成各種惡性需求。許多人一生都在這些錯誤觀念及混亂情緒中奔忙，實在辛苦！佛教所說的解脫，便是要引導人們走出心靈的誤區。

善款如何善用？

問：佛教界目前是透過什麼管道與需要幫助者建立聯繫？就您所了解的，目前有多少機構和個體建立了幫扶關係，有多少人得到了佛教慈善的幫助，而這些人裡，進入空門的弟子有多少？

答：管道大致有三類：一是弱勢群體自行找上門來，二是由信徒或相關機構介紹而來，三是透過義工社區走訪等方式找到幫扶對象。此外，寺院弘法部、慈善會等機構，多與社會上的孤兒院、養老院、福利院、救助站及民間互助組織等有互動關係，並參與各地突發災難的救助，但我不清楚究竟有多少人得到佛教的慈善幫扶。

佛教界的物質救濟，不會以要求受助者產生信仰為附加條件。當然，他們在接受救濟的過程中，或多或少會受到佛法教化。確實也有不少人因為這一機緣接觸到

佛法理念，身心兩方面都有受益，從而走入佛門。

問：佛教慈善在善款的募集、使用及管理上是如何分配的？如何有效地使用這些善款，保障這些善款用到最需要的人身上？或者有效地向民間大眾傳播善念？

答：佛教慈善善款來源主要有三：其一，來自信徒的專項捐贈。其二，來自寺院的功德金或其他收入。其三，來自會員繳納的會費。

善款的使用原則是根據施主意願專款專用，若捐款者沒有明確意向時，則可做統籌安排。在佛教團體中，對資金的管理主要從設立制度、嚴格管理和加強因果觀念兩方面著手。作爲慈善事業的參與者，必須有濟世的悲心並深信因果。在此基礎上，再以規範的財務制度作爲保障。

在使用方面，除落實在扶貧幫困、助學救孤、義診施藥、環保護生等傳統慈善項目外，主要用於大型救災及刊印弘法書籍。在具體落實過程中，主要透過事先走訪、專項落實、事後跟蹤等操作流程，使善款得到有效使用。

至於向大眾傳播善念，我認為，關鍵還是在於對善的正確認識。社會上對善行的宣傳也很多，但除了讓大家感動一番以外，未必能令人見賢思齊。原因何在？正是因為沒能深刻揭示慈善行為的內在價值，及對生命改善的意義，這就必須從觀念上進行調整。然後，透過政府重視和媒體力量等有效途徑，將這種理念傳播出去。

問：目前，參與慈善的人越來越多，很多企業家和社會名流都積極加入慈善活動中，您如何看待這個現象？

答：這是一個好現象，代表他們物質水準和人生追求的提高，開始有更多的社會責任感。

從佛教來說，對某個行為的評判，關鍵是看動機，也就是「發心」。就慈善來說，同樣存在不同的發心，有些可能是出於慈悲，也有些可能帶有功利色彩，甚至將造勢擺在首位。佛教認為，只有以慈悲心來做，才是真正的慈善行為。否則

的話，即使在客觀上起到扶貧幫困的作用，這些行爲本身也會打折扣，難以對提升生命品質起到多少作用。

問：最近隨著國學熱的興起，有很多事業有成、經濟穩固的人成爲居士，您能否向我們解釋一下什麼是居士？成爲居士有哪些要求？

答：居士，原指富裕且有德有道的居家之士，現指皈依三寶、修學佛法的在家信眾。成爲居士的條件很簡單，只要信賴佛法僧三寶並透過如法的皈依儀式來確定這種信賴即可。當然，皈依還蘊含著極爲豐富的內涵，不是用短短的篇幅可以完整介紹的。皈依之外，居士還應受持戒律，遵守相應德行。不少人雖然對佛教有好感，但對成爲居士卻心存畏懼，其中一個重要原因，就是怕被佛教的清規戒律所束縛。其實，佛教對在家居士的基本要求只是不殺生、不偷盜、不邪淫、不妄語、不飲酒五點，這也是成爲一個好公民應該遵守的行爲規範，並非超乎尋常的要求。即使暫時不能全部做到，也可以分受，能做哪一條就受持哪一條。受戒和慈善一樣，關鍵是認識到這一行爲對自身生命改善的意義。現代人普遍活得很累，主要原因，一是因爲欲望太多且執著難捨，一是爲了滿足欲望而不擇手段，從而使生命陷入不良慣性中。持戒，正是幫助我們擺脫這種不良慣的有效手段，是身心健康發展的規則。

問：對一般人來說，如果想了解一些佛學知識，又希望能夠獲得心靈上的幫助，有什麼管道？

答：建議先看一些「人生佛教」的書籍，這是以佛法智慧對現實人生種種問題所做的解讀，適合尙無信仰基礎而有心了解佛法的人士。西園戒幢律寺弘法部長期致力於佛法弘揚，以網路、音像、書刊雜誌等多種方式向民眾普及正信佛法，「人生佛教」系列也是其中的重點之一。近期，又以「佛學和心理學」做爲向社會弘法的方向，出版有「佛學與心理學專刊」等。

此外，西園寺弘法部還開辦「青年佛學進修班」，並每週、每月定期舉行各類共修活動（類似做禮拜）。除寺院的定期活動外，我們也和各地高校（編按：實施高等教育的大學、學院、專科學校）、企業有較多互動，或是應邀前去舉辦講座，或是接待來自各地學子的參觀訪問，如北京大學、復旦大學、清華大學、南京大學等。

我所理解的佛法，就是心性之學，是究竟解決人生問題的大智慧。

採訪後記

和濟群法師走在一起的時候，不時看到一些人見到他突然變得臉色凝重，然後雙手合十行禮。其實在臨去拜訪之前，我已不止一次地和朋友說，這次的機緣讓我感到惴惴不安啊。身爲媒體工作者，我覺得自己幸運，可以有機會與各行業的精英翹楚對話。但是，每當我將自己所了解和感知到的星星點點落實爲文字或者圖像的時候，卻總是充滿遺憾和不能充分表達的無奈。面對這些在各個領域令人難以企及的精英，我唯一能做的，就是用短暫的時間做大量功課，讓採訪的對話看上去還像那麼回事，然後再盡我所能地展現出來。同時因爲時間和篇幅有限的關係，往往這種呈現又要大幅度地縮水。最後，看著和我所體會到的深度完全不能匹配的文字，卻又要開始下一個選題的工作，有時甚至因此產生對工作的懷疑和否定。不過一般情況下，我已經對這些無奈的回合習以爲常，抱怨之後還是很快會得到解脫，只是這次似乎不同。

應該說，採訪是順利的，對採訪前期我們精心準備的問題，法師認眞印出來並一一解答，還將這些解答寫在紙上，看似淺顯易懂。採訪當下，濟群法師仍然是用簡單的表述娓娓道來，我在其中感受著平和安定的氣場，認眞地記錄。然而回到家後，我看著這一萬字的採訪筆記，濟群法師精心準備的問題解答手稿，以及從弘法部那裡帶回來兩整袋書籍圖像資料，卻陷入不知如何表述的困境中。

那麼多簡單的話堆積出來的語句，不管我是原封不動地呈現訪談記錄，還是做刪減或再加工，都無法表達出我所感受到的萬分之一的深厚，更不要提還

原了。

還是講一個畫面結束這篇文章。

採訪前，濟群法師說週六下午他在西園寺，卻並沒說具體何處。我到達之後，從入口處一直走到最裡面。因爲是週末，寺廟裡很熱鬧。一路上，有善男信女在進香，觀音殿前居然有一些老人穿著紅紅綠綠的戲服在唱歌。迴廊轉角處有大朵大朵盛開的杜鵑，迴廊兩邊是一些意義深刻的警世文，我邊走邊看。時間到了兩點，我撥通濟群法師的手機。

「您好，我已經到了西園寺，請問您在哪？」

「哦，你在西園寺哪裡？」

「我走到了最裡面。」

「不要走到裡面，走過頭了，你轉身出來，我在天王殿這裡。」

「好的，天王殿……」（天王殿也很大啊，他在哪裡呢？我疑惑地朝相反方向走）

「你繼續筆直向前走，我已經看見你了。」

電話突然掛斷了。我放下手機，四下張望。

到處都是人，三五成群的人，穿梭的人，進香的人，一些穿著紅紅綠綠的衣服在觀音殿前排練的人，週末下午的西園寺還眞夠熱鬧！可是那麼多人在我面前，濟群法師在哪裡？我怎麼知道哪一個是他？爲什麼他看見我了，而我還沒看到他？這眞讓我焦慮。心中焦慮，卻想著出家人不打妄語這句話，「直直向前走！」誰讓我四處張望的？就在我想著這句話的同時，我不再理會四周，加快步伐，突然發現（果然就在正前方），在正對面土黃色的廟牆下，一個穿著土黃色僧服的人向我揮手。在見到他向我揮手的瞬間，我幾乎恍惚了。很少有人在這個時代這樣揮手，不是大喊「嗨，我在這」，也不是矜持與拘謹的招手。寺牆前的這個僧人，整個人都和他的揮手渾然一體，那麼飄然，那麼親切。

類似的感覺在我生命中還出現過一次，仍然要說到冬天的普陀山。那一次下著小雨，我拖著沉重而疲倦的步伐，心中抱怨著下雨天登山拜訪寺廟的艱辛，氣喘吁吁地爬到山頂。就在幾乎快要堅持不下去時，卻突然在一個轉彎處，看到一條筆直而狹長的通道。通道盡頭的牆上書寫著四個大字：同登彼岸。我站在那裡，周遭只有雨聲，萬籟俱寂。

當天下午，我走到濟群法師身邊的時候，才發現週末下午兩點的西園戒幢律寺，一點都不喧鬧，安靜極了。

11

慈善，是慈悲心的修行

—— 二〇一四年於復旦大學心理系「讓愛心更有力量」慈善論壇

很高興來復旦大學參加這個以公益慈善爲主題的論壇。今天我們要探討的內容是，如何「讓愛心更有力量」。

在座有不少是長期從事公益的愛心人士，非常隨喜大家。做一件好事容易，但要堅持做下去，並且做得歡喜，做得有力量，絕非易事。事實上，不少人在行善過程中經歷了各種挫折和困擾，身心俱疲者有之，委屈無奈者有之，內憂外患者有之。更多的則是覺得前途迷惘，後繼乏力。爲什麼會這樣？難道公益就是一種單純的付出，終有一天會耗盡心力，難以爲繼？怎樣使之成爲不斷增上的良性循環？

愛心，佛教中對應的概念就是慈悲，進一步深化，就是大慈大悲。這不是一種狹隘的愛，不是對某一個人的愛，也不是基於血緣或感情的愛，而是面向一切眾生的博大之愛。如何讓愛心更有力量，就需要把慈善公益的行爲，變成愛心的修行，慈悲心的修行。只有這樣，心和行才能相互促進，就像播種、收穫，再播種、再收穫那樣，不僅可持續發展，還能增長廣大。

同時，我們要了解心理的運作規律。每個人都有各種心理，其中，愛心和慈悲心是代表生命內在正向、高尚的心理。如果我們在從事慈善公益時不斷重複這些心理，它們就能因此得到強化。所以，愛心的成長，是來自對愛心的重複和強化。當愛心成爲內在的主導力量及生命品質的重要組成部分，心靈就會不斷提升，人格就會隨之健全。慈悲心同樣如此。

如果不是本著愛心和慈悲心，哪怕從事同樣的公益事業，並在客觀上對受助人有所幫助，但對轉變自身心行是沒有任何作用的。這麼一來就必須明確：慈善的本質是什麼？它的核心價值又是什麼？如果對這兩點認識不清，慈善就可能變成僞善，公益就可能變成利益。即使事情本身的性質沒變，也可能因爲處理不當，致使參與者的心行受到傷害。

慈善的本質是什麼？在一般人的想法裡，慈善無非是一種捐獻、施捨，或幫助他人的行爲。但如果沒有愛心和慈悲爲基礎，這些行爲還能不能算是慈善？古人不受嗟來之食，爲什麼？就是因爲這種施捨帶有蔑視。在佛教中，善具有善良、道德的內涵，換言之，慈善就是建立在慈悲心的道德行爲之上，否則就只能算是行善而非慈

善，至少是要打折扣的。

至於慈善的核心價值，現代人受唯物論影響，對慈善的認識偏於唯物，甚至具有一定的功利色彩，覺得慈善是身分和社會地位的象徵，以此塑造公眾形象，贏得大眾信任。事實上，這些只是慈善的副產品，並不是眞正的意義所在。

佛教認爲，每種行爲都有內外兩種結果，慈善也不例外。所謂外在結果，即事情本身產生的效果，比如因爲你的幫助，使對方的困難獲得解決，從中受益；或是透過慈善，爲自己培植福報，得到社會的尊重認可。所謂內在結果，即透過這一行爲培養的能力，更深一層，則是心靈得到的提升，人格得到的成長。

今天，將從佛教的角度，帶領大家認識這兩個問題。

慈善的本質

慈善的本質就是慈悲大愛。只有來自慈悲心的善行，才是名副其實的慈善。如果只是爲了沽名釣譽去捐獻，算是慈善嗎？如果只是迫於壓力去助人，算是慈善嗎？從嚴格意義上說，如果不是來自愛心和慈悲心，僅僅是一種捐獻或助人的善行，是不能稱爲慈善的。

東西方的宗教和哲學中，普遍將慈悲大愛視爲人類的重要德行，並以此爲慈善的重要心理基礎。中國儒家強調仁，有所謂「仁者愛人」「仁者無敵」。它所推崇的慈善，就是立足於仁愛精神的善行。我們最熟悉的就是「老吾老以及人之老，幼吾幼以及人之幼」的古訓。西方基督教提倡博愛，即愛人如己，認爲這是神的德行，也是每個基督徒應該奉行的。這個「人」不僅包括親人，也包括陌生人，甚至仇人。所以，基督教的慈善行爲是立足於博愛。但這種博愛對人類和動物是有分別的，對教徒和異教徒也是有分別的。上帝愛祂的信徒，卻對異教徒充滿敵意；上帝愛祂的子民，卻把很多動物當作人類的食物。所以這種博愛是相對的，在平等和廣泛兩方面，達不到佛教所說的大慈大悲。

那麼，大慈大悲究竟有多大？就是要超越一切國家、種族、文化、宗教的界限，甚至超越人類和動物的界限。它的對象是所有眾生，包括人類，也包括飛鳥走獸，蚍

蜉螻蟻。而且這種修行是有標準的，只有具足對一切眾生平等無別的慈悲，才稱得上大慈大悲。如果還有一個眾生是你不願慈悲的，或是在慈悲程度上有所區別，就說明慈悲的修行尚未圓滿。

所謂慈悲，即與樂拔苦之意。慈是給予快樂，眾生需要快樂，我們就想方設法幫助他們獲得快樂；悲是拔除痛苦，眾生不願痛苦，我們就不遺餘力地使他們從痛苦中解脫出來，獲得無苦之樂。

在佛教中，慈悲是菩薩的重要修行。說到菩薩，很多人以爲是高高在上的神仙，或是殿堂中供人禮拜的塑像。其實，佛教認爲每個人都具有和佛菩薩同樣的潛能。當然，從潛能到成就並不是水到渠成的，還需要透過漫長的修行，需要在不斷利益眾生的過程中去成就。這種修行是從樹立崇高願望開始的，要發願從迷惑走向覺醒，並幫助更多眾生從迷惑走向覺醒。這是菩薩的基本願望，也是菩薩盡未來際的奮鬥目標。

所以，眞正的慈善必須立足於博愛或慈悲。只有傳承這些高尚精神，才能超越狹隘的自我，擁有博大的胸懷，並讓自他雙方在慈善行爲中共同受益，而不僅僅是一種單向的付出，更不是一種以慈善爲名的「索取」。

佛教中慈善的修行

佛教修行有三條道路，一是人天乘，受持三皈五戒，遵循道德和法律，成爲世間的好人；二是解脫道，讓生命從迷惑走向覺醒，成爲解脫的聖者；三是菩薩道，不僅自己希求解脫，同時要幫助更多的人從迷惑走向覺醒，成爲覺行圓滿的菩薩行者。以下，我們重點介紹人天乘和菩薩乘的慈善行。

人天乘的慈善行

人天乘是佛法修行的起點。從這個起點開始，佛陀鼓勵我們廣修善行，所謂「人天路上，修福爲先」。一個人想在世間生活無憂，事事順利，離不開福報。此外，修行同樣需要福報。有些人也想學佛，但爲生計所迫，沒有時間；或是病魔纏身，沒有精力；或是家人阻撓，沒有順緣。諸如此類的障礙，都是因爲缺乏福報。

那麼，福報來自哪裡？就像收獲來自耕耘，我們也需要培植福田，才能獲得福報，爲生活和修行積累儲備，提供支持。

福田有三種。第一是悲田，以慈悲心對待貧苦大眾及需要幫助的人。世上有千千萬萬的人生活在痛苦中，其中有物質層面的痛苦，還有精神層面的痛苦。當我們對這些痛苦感同身受，自然希望爲他們做些什麼，令他們減輕痛苦，獲得無苦之樂。

第二是恩田，對有恩於己的一切心懷感恩，包括我們的父母、兄弟、姊妹、親友，也包括國家、民族、社會大眾，甚至日月星辰、山川草木。總之，對世間的一切都要知恩報恩。沒有他們的付出，我們根本無法在世間正常生活。

第三是敬田，對那些有德行的人，包括佛法僧三寶，也包括其他宗教的宗教師，及社會上那些德高望重者，都要恭敬。當一個人虔誠而恭敬，內心會因此得到淨化，令生命清淨莊嚴。現代人崇尚自我，蔑視權威，以爲這就是個性解放。事實上，被解放的往往是我慢，是貪瞋癡，結果就是肆無忌憚，爲所欲爲，讓心靈充滿垃圾。

這三種田來自三種心，即慈悲心、感恩心和恭敬心。當我們以這樣的心面對一切，就會因爲慈悲而與眾生心心相連，因爲感恩與一切廣結善緣，因爲恭敬而對聖者見賢思齊，從而源源不斷地產生福報。所以，我們要培養這三種心，耕耘這三種福田。

菩薩道的慈善行

從菩薩道而言，更是將慈善當作兩大修行項目之一。菩薩所做的一切，必須以眾生的利益爲中心，以眾生的快樂爲中心，正如《普賢行願品》所說的：「一切眾生而爲樹根，諸佛菩薩而爲華果，以大悲水饒益眾生，則能成就諸佛菩薩智慧華果。」如果把諸佛菩薩比做花果，那麼眾生就像樹根。我們想要成佛，必須不斷利益眾生。只有在利他過程中弱化我執，打開心量，才能成就慈悲，圓滿佛果。因爲成佛就是高尚品質的成就，是大智慧和大慈悲的成就，兩者都離不開慈善實踐。

第一、樹立利他主義願望

如何修習慈悲？首先要發菩提心，樹立崇高的利他主義的願望，以利益眾生，幫助眾生離苦得樂，從迷惑走向覺醒，作爲自己盡未來際的目標。正是這個願望，決定了我們能否成爲大乘行人，同時也顯示我們開始成爲菩薩。否則，不論做了多少利他善行，也只是一個善良的人，一個樂善好施的人，一個助人爲樂的人，無法成爲大乘佛子。

第二、以慈悲心為基礎

平常人多關注自己的感覺、自己的痛苦和幸福較多。而慈悲心的修行，需要改變這一關注點。佛教有部重要教典叫《入菩薩行論》，其中特別講到「自他相換」的修法，就是把對自己的關注轉向對眾生的關注。從處處想著自己，轉爲處處想著他人；從關注自己的痛苦，轉爲關注眾生的痛苦。你能關注多少人決定了你的心打開多少，最終成就多大的慈悲。如果你只能關注一部分人，那這種慈悲是有限的，屬於凡夫的慈悲；如果你能關注一切眾生，才能成就無限的慈悲，才是佛菩薩的慈悲。

慈悲心的修行，是從關注他人的痛苦開始。當我們發自內心去關注他人痛苦，並對這些痛苦生起深深的悲憫，慈悲心才會隨之生起。所以，佛陀告誡我們要把一切眾生視為自己的獨生愛子，只有這樣，才會與他們心心相印，感同身受。

佛教所說的慈悲，是「無緣大慈，同體大悲」。所謂無緣，即沒有任何條件，和對方也沒有血緣親情，更不圖絲毫回報，僅僅是因為不忍心他們遭受痛苦，就發願幫助對方。所謂同體，是把眾生和自己視為一體，對眾生的痛苦感同身受。就像你現在腳痛了，手立刻會去撫摸，以緩解它的痛苦，完全是一種不假思索的自然反應，不會考慮能否得到回報。同樣，如果我們真正將眾生和自己視為一體，看到他們遭受痛苦，自然會盡己所能，施以援手。

雖然無緣大慈和同體大悲都不是凡夫的境界，需要透過修行來成就，但孟子也說過，人皆有惻隱之心。只要讓這一心行不斷擴大，乃至無限，就能成就佛菩薩那樣的

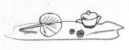

慈悲。慈悲又包含廣度、純度和力度三個標準。

所謂廣度，是從對幾個人的慈悲，到對很多人的慈悲，乃至對一切有情的慈悲。每一個眾生，不論貧富貴賤，親疏遠近，也不論虎狼還是螻蟻，更不論他對你是什麼態度，能給你帶來什麼回報，無一不是你慈悲的對象。

所謂純度，是將夾雜在慈悲心中的我執、貪婪、驕慢、好惡等不良心行全部剔除。凡夫的慈悲是不平等的，總是帶著或多或少的分別。所以我們在修習慈悲的過程中，往往同時在修我執，修好惡。這樣的「慈悲」，自然會讓人患得患失，覺得自己做了很多好事，爲什麼得不到理解，爲什麼不是善有善報？其實就是因爲純度不夠，所謂「因地不眞，果招迂曲」。這就需要不斷考量發心是否正確，行爲是否如法，才能對現有的「慈悲」加以提純，從凡夫有所得的慈悲，昇華爲佛菩薩無所得的慈悲。

所謂力度，是讓這種慈悲具有力量，即使遇到違緣，也能保有初心，堅持不懈。有道是做一件好事容易，做一輩子好事不容易。慈悲也是同樣，發起一念慈悲容易，但如何才能使之念念相續，無有間斷？就需要不斷思維慈悲的意義，不斷提醒、重複和強化，讓這念心行得到法雨滋潤，得到成長空間，才會逐步具有強大的力量。

這種力量也離不開廣度和純度。如果一念慈悲生起時，我們還想著，那個人很討厭，或是做這些有什麼回報，就會引發很多牴觸心理，從而消解慈悲的力量。所以，必須從廣度、純度和力度三方面同時努力，才能眞正「讓愛心更有力量」。

從微小的慈悲到廣大的慈悲；從染汙的慈悲到純正的慈悲；從萌芽中的慈悲到堅不可摧的慈悲，我們在這個過程必須不斷努力。不僅是今生的努力，也包括生生世世的努力。爲什麼有些人生來就宅心仁厚，悲天憫人？正是來自過去生的積累。如果覺得自己缺乏慈悲心，不必氣餒，這並不是因爲我們與慈悲無緣，而是說明一直以來都做得不夠，更需要加倍努力。

佛菩薩的生命品質，就是無限的智慧和慈悲，無論從廣度、純度還是力度，都是圓滿無缺的。對以佛菩薩爲榜樣的大乘行人來說，雖然我們的慈悲還遠遠不夠，既不廣大，也不純粹，更缺力度，但哪怕它再少，也是從事慈善的必要基礎。如果沒有這念慈悲，就不是眞正的慈善行爲。

第三、依六度修習慈善

有了慈悲心爲基礎之後，還需要落實到行動中。其中包含六個項目，又稱六度。

布施：有財布施和法布施之分。財布施屬於物質慈善，法布施屬於心靈慈善。佛教認爲，後者的意義更爲重大。因爲物質慈善只能解決暫時的生活困難，而心靈慈善才能讓人徹底解除煩惱痛苦，解除生命的痛苦之因。否則，即使物質困難解決了，卻沒有良好的心態，一樣會製造種種問題。事實上，確實有人在接受捐助後產生依賴心理，進而引發懶惰、貪婪、不誠實，甚至故意欺詐等不良習氣。所以說，在基本生活得到保障後，心態健康才是最究竟的。

持戒：即從事慈善過程中必須遵循的三個原則。一是止惡的原則，不能夾雜任何不良心理或不法行爲；二是行善的原則，善行必須立足於慈悲心，而不是爲了沽名釣譽；三是饒益眾生的原則，確定自己所做的事可以爲眾生帶來利益，而不是一廂情願地讓對方接受自己「幫助」。

忍辱：在從事慈善的過程中，我們會面對各種處境，包括對方的不理解、不接受，或是在社會上遭遇詆毀，被人說風涼話，甚至自己的家庭和事業也因此受到影響等等。忍辱是告訴我們，不論面對什麼處境都能安然接納，最關鍵的是不因此心生瞋恨，不陷入委屈、憤怒等負面情緒中。

精進：和世間任何事情一樣，從事慈善也會遇到各種困難和挫折，如果沒有勇猛強大的發心，沒

有百折不撓的毅力，很可能在一段時間後就心生退意。這時候就需要眞正認識到慈善的意義，以此作爲精進的動力，遇到困難就解決困難，遇到挫折就加倍努力，才能發長遠心。

禪定：是讓心安住在慈悲的狀態中，並始終保持穩定，而不是被各種境界帶著跑。且不說世間五欲塵勞的誘惑，即使在慈善領域中，同樣存在各種包裝過的名利陷阱。如果沒有相應的定力，就會被這些境界左右，與慈悲的初心漸行漸遠。

智慧：就是在般若智慧的指導下從事慈善。《金剛經》中，佛陀特別針對菩薩如何修習布施加以指導，讓人們在布施過程中，不要落入我相、人相、眾生相、壽者相。既不陷入我執，也不陷入對眾生的執著，而是本著平等慈悲之心，根據對方的需要，以無限、平等、無所得的心去利益眾生。這麼做才能像《金剛經》所說的那樣：「菩薩於法，應無所住行於布施，所謂不住色布施，不住聲香味觸法布施。須菩提！菩薩應如是布施，不住於相。何以故？若菩薩不住相布施，其福德不可思量。」反過來說，如果內心充滿我執，無論布施了多少錢財，所獲福德都是有限的，更無助於自身心行的成長。

慈善的意義

或許有人會覺得，以上提出的標準實在太高了。能做一點慈善就不錯了，還提什麼廣度、純度和力度呢？如果在做的過程中遇到困難，放下不做就是了，又不會對生活產生什麼影響，何必還要忍辱、精進呢？不是在自討苦吃嗎？不是在爲難自己嗎？世人爲了生存，可以吃苦耐勞，在所不惜，那是因爲別無選擇。爲什麼做慈善還要如此堅持？這就需要知道，慈善的意義是什麼。只有明確其中內涵，知道這麼做對自己的幫助，我們才能歡喜承擔，才會把每一次的慈善行爲，視爲眾生給我們提供的機會；才會把每一次遇到的困難挫折，視爲增進慈悲的善緣。

關於慈善的意義，主要可以歸納爲以下幾點：

第一、慈善是圓滿慈悲心的修行

慈善和慈悲是相輔相成的。帶著慈悲心去從事慈善，在做的過程中，就能使慈悲心得到成長。在慈悲心具足力量之後，又能爲我們提供新的動力，推動我們進一步從事慈善，利益眾生。反過來說，如果我們不是帶著慈悲心從事慈善，而是帶著我執、貪著的心去做，即使做得再多，也很難感受到幫助他人帶來的快樂，反而會增加我執煩惱，甚至人我是非。事實上，這樣的例子並不少見。

第二、慈善可以破除慳貪

佛教認爲，我們的心本來像虛空一樣，只是因爲狹隘的自我設定，才變得如此渺小。而在慈悲利他的過程中，我們更容易跳出自我設定，消除自他對立，進而與眾生融爲一體，讓心恢復虛空那樣的本質。從另一方面來說，貪著是一切煩惱產生的根源，而在從事慈善的過程中，可以透過捨棄財物來克服慳貪。當我們捨棄一分財物，也就克服了一分慳貪；當我們捨棄所有財物，也就克服了對財物的慳貪。此外，願意用自己的時間、技術、能力來幫助他人，也是在捨棄對時間、技術、能力的貪著。總之，不論我們給予對方什麼，都是在幫助自己破除慳貪，學會捨棄。

第三、慈善可以消除對立

聖嚴法師有句話說，「慈悲沒有敵人，智慧不起煩惱」。今天這個世界，科技已經逐漸打破地域界限，讓彼此交流有了前所未有的便捷，但人與人之間依然充滿冷漠、隔閡、對立和仇恨。尤其是冷漠，遠比以往任何時代更甚。爲什麼會這樣？就是因爲我們只在乎自己的感覺，不在乎大眾的感覺。在從事慈善的過程中，我們有機會直接感受到眾生的存在，體會到眾生的苦樂。這樣做的時候，內心就會從冷漠、隔閡的狀態中走出來，對大眾生起同情、包容和接納。所以說，慈悲可以消除一切對立，也是建立和諧社會的基礎。當我們和這個世界之間沒有冷漠、隔閡、對立和仇恨，人間就是和樂的淨土了。

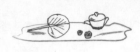

第四、慈善是福報的源泉

經常有人說，一個人身體健康時，財富、事業、名譽、感情才是有意義的。其實，僅僅身體健康是不夠的。那些被抑鬱症折磨的人，那些被負面情緒困擾的人，即使有健康的身體，也無法享受人生樂趣。所以說，外在的一切利益，離不開心靈的提升和改善。在從事慈善的過程中，可以透過這一行爲調動正向心理。當內心充滿愛，充滿慈悲，充滿各種正向心理，就能有效克服負面情緒，成爲福報產生的源泉。在福報的基礎上，再去修習智慧，證得空性，就能具備佛菩薩那樣的無量功德。

結語

總之，慈善的本質就是慈悲。只要立足於慈悲心來從事公益，不論我們有多少能力，也不論做些什麼，或結果怎樣，我們會先成爲這一行爲的受益者。因爲慈悲心的修行有助於人格健全，生命提升。當我們自身發生這些改變，外在結果又算得了什麼呢？他人理解讚嘆，固然是皆大歡喜；結果不盡人意，也只是因緣使然，既然因上已經努力了，果上大可隨緣。這樣就不會有力不從心的無奈，也不會有「到底爲了什麼」的茫然。所以，公益不僅是讓他人受益，也是讓自己受益。

除了個人受益，慈善還有助於社會和諧，世界安樂。就像星星之火可以燎原那樣，每一念善心的傳遞，都是一粒火種，假以時日，必將增長廣大，照亮世間。

12
有愛心，才樂於付出

二〇一五年一月，廈門總商會、廈門市光彩事業促進會暨《海峽導報》等共同舉辦一場慈善論壇暨義捐義拍活動」，濟群法師應邀就這個主題「財富與人生」爲參與者開示，並接受《海峽導報》記者採訪。

問：財富和慈善倫理是什麼關係？

答：佛法認爲，擁有財富是一種福報。中國古代講五福臨門，其中就有富貴。那麼，福報從何而來？這就需要耕耘福田。佛教將福田分爲三種。一是悲田，當我們看到眾生遭遇困難，應該本著慈悲心，不遺餘力地幫助他們。二是恩田，對有恩於我們的人，包括父母、親友，乃至一切眾生，應該本著感恩心，全心全意地報答他們。三是敬田，對宗教師或有德之人，應該本著恭敬心，盡己所能地供養承事。當我們站在慈悲心、感恩心和恭敬心的基礎上，再做相應的慈善公益，就會讓人生更有福報。

問：如何看待社會上的貧富差距？怎樣解決？

答：貧富差距是正常的社會現象。佛法認爲，每個人宿世積累的業力不同，所以今生的福報不一樣，能力不一樣，從而導致貧富差別。當然，各種外在因素，如不合理的制度等，也會加重這種差別。如何讓這些現象得到改善？一方面要透過政府行爲，借助社會福利進行宏觀調控；另一方面可以透過民間的慈善公益進行調節。如果那些有福報的人富有愛心，願意把財富回饋社會，兼濟天下，就可以減少貧富差距，減少因此而產生的社會矛盾和衝突。總之，讓施者更有愛心，讓受者心懷感恩，我們的社會就會因爲這種愛和感恩更加和諧。

問：對社會大眾來說，踐行慈善能獲得什麼？如果做公益，對個人的事業及發展有幫助嗎？

答：慈善屬於慈悲心的修行。從個人成長來說，透過踐行慈善，我們的愛心會隨之增長，人格會得到提升。當你擁有慈悲心，生命就會越來越健康，也會越來越有福

報。而從社會效益來說，透過踐行慈善，廣結善緣，將得到社會的認可與尊重，也有助於個人事業發展。所以說，踐行慈善就像不斷投資，可以讓福報持續增長。

問：現在各慈善團體獲得的捐款和社會上巨大的經濟增長相比，還是差得很遠。如何看待這種財多善少的現象？

答：中國傳統的儒家文化是以家族利益爲中心。家族觀念很強，但缺少造福社會的觀念。很多人擁有金錢後，往往只想到傳給子孫後代。事實上，每個家庭乃至每個人都是社會的一部分，尤其在今天這種全球化的時代，我們根本無法切割和社會大眾的關係。可以說，離開各行各業大眾所提供的幫助，我們幾乎無法正常生活。佛教提倡報四重恩。一個人生存在世間，除父母的恩情之外，還有三寶恩、國土恩、眾生恩。大乘佛教特別強調慈悲和利他，有助於大家從更廣闊的視野來看待自己和他人的關係，培養感恩心，培養慈善公益的觀念。

問：佛教說要淡泊名利，但今天的社會如此複雜。哪怕做慈善，也可能淪爲名利場。不知您對此有什麼看法？

答：不久之前，我參加過復旦大學的「慈善與心理健康」論壇。他們之所以發起這個論壇，就是因爲有感於有一部分做慈善的人做出了心理問題。爲什麼會這樣？因爲當初做慈善的立足點就有問題，更看重一種外在結果，或是期待受助者有所回應，或是希望社會給予認可。當這份回報得不到滿足，甚至出現與預期完全相反的結果，內心就會失衡。

講座中，我主要從兩個問題著手探討慈善與心理健康：一、慈善的本質是什麼？二、慈善的核心價値是什麼？慈善是一種慈悲的道德，其本質就是慈悲大愛。所以，佛教的善行是以慈悲爲基礎，基督教的善行是以博愛爲基礎。只有建立於慈悲大愛的慈善，才不會有任何功利，也不會期待任何回報，這才是眞正的慈善。另一方面，慈善的核心價値是透過這一行爲，讓我們的慈悲心得到增長，人格得到提升，這是行善的最大收穫。一切外在的福報、認可、尊重都是附加的，是慈

善行爲的副產品。當你認清這一點，不論身處什麼樣的環境，面對什麼樣的對象，得到什麼樣的結果，你都知道自己應該怎麼做，而不會被外在的東西所動搖。

問：如何拉近財富和公益慈善的距離，讓這些付出的人更加樂於奉獻？

答：我覺得，關鍵是讓他們認識到愛心和慈悲心的價值。當他們眞正認識到愛心和慈悲心的價值，才會樂於奉獻，而不是迫於輿論壓力「被捐款」。就像我們看到一個回報巨大的投資，自然願意參與，願意投入。

問：如果本身財富不多的話，如何參與公益事業？

答：參與慈善公益，關鍵不在於財富多少，而是要去培養這份愛心和慈悲心。每個人能力不同，但即使他生活再清貧，也可以關愛身邊的人，對父母、兄弟、同事、朋友，給一個微笑、一句問候，只要眞誠，同樣是在自利利他。此外，我們也可以在技術上幫助他人，或是以行動參與公益慈善。當你有了愛心和慈悲心之後，隨時都樂於付出，從而使愛心和慈悲心得到強化。反之，如果沒有培養這種愛心，即便擁有再多財富，也不會有這個意識，甚至會找出各種藉口來搪塞。所以，關鍵是要培養慈善的意識。這就回到了前面的問題，那就是要認識到，愛心和慈悲心對提升生命、完善人格的價值。

13

提升財富品質，享受智慧生活

——《財富品質》專訪

二〇〇九年，濟群法師應邀前往深圳，爲清華大學EMBA班講授「《心經》的禪解」期間，《財富品質》記者對法師做了一次文字採訪。

問：最近兩年，國學熱和佛學熱日漸興起。縱觀中國歷史，佛教在中國皇朝乃至民間的流行往往出現在國富民安的時刻，您怎麼看待這個現象？

答：事實上，佛教並不僅僅盛行於國富民安的時期，在時局動蕩的年代同樣爲人所尊。我們耳熟能詳的「南朝四百八十寺，多少樓臺煙雨中」，就是魏晉南北朝時期佛教大興、寺宇林立的眞實寫照。在戰爭四起的煙火中，在朝代的頻繁更替中，人們格外缺乏安全感，就特別需要內心的慰藉，需要尋求冥冥之中的護佑，從而使佛教信仰廣泛流傳，盛極一時。

而在國富民安的歲月，人們在物質生活有了保障之後，則會轉向更高的精神追求，促進文化藝術乃至宗教信仰的發展。同時，也因爲社會安定，在佛教的理論研究和宗派體系建設等方面，都會有更多建樹。如隋唐時期，高僧輩出，著述豐富，可謂漢傳佛教發展的鼎盛階段。

問：這種文化回歸與佛學興起和中國的「大國崛起」言論有何關係？

答：目前的文化回歸和佛學興起，代表社會大眾對精神生活的重視，也代表整個民族的自信心在逐步恢復。歷史上有相當長的一段時期，中國人多以泱泱大國爲傲，但在清末被列強打開國門之後，千百年來所形成的盲目自信近乎崩潰。在這樣的態勢下，很快走向一個視傳統文化爲腐朽的極端，似乎不破舊就無以立新，無法進步。經過百年來的曲折摸索和反思，人們逐漸在矯枉過正的衝動中冷靜下來，以更爲平和、客觀的目光審視傳統文化，重新發現其中蘊含的思想精華，由此產生認同和回歸就是順理成章的事了。至於「大國崛起」的言論，我不是很了解。

問：這種佛學熱是一時的潮流和時髦，還是會成爲一個常態？

答：雖然目前的國學熱和佛學熱表現爲一種潮流，同時也伴隨著潮流出現時必然攜帶

的膚淺和喧譁，但我認爲，經過一段時間的沉澱之後，這種潮流會逐漸向深度發展，成爲一種常態。

因爲信仰代表人類心靈的需求，代表我們在世間安身立命的支撐，是不可或缺的。即使在人們對宗教最爲隔閡的這幾十年中，也從來沒有離開過信仰。當人們發誓爲實現共產主義奮鬥終身的時候，這難道不是一種信仰嗎？中國自改革開放以來，民眾迅速轉向利潤最大化的功利追求，這種對財富的極度熱中和角逐，形成了規模空前的「拜金教」，也可以算是一種畸形的信仰。當人們漸漸發現，錢並不是萬能的，並不能帶來預期的幸福，帶來身心的安頓，自然會去尋找更爲究竟的信仰。一種健康的信仰，不僅是我們個人的需要，也是整個社會和諧發展的需要。

問：近幾年，您是否感覺企業界對佛學投注了比以往更多的關注？比如類似這次深圳清華大學EMBA班舉辦的活動。就您與企業家的對話，您能否告訴我們這個群體對佛法產生興趣的主要原因是什麼？或者說，他們聽聞佛法的主要目的是什麼？

答：近年來，企業界對佛學確實投注了更多的關注，在各地開設的國學班或佛學班中，都有不少企業界的成功人士參與。在我和他們的接觸中，感覺到他們對佛法產生興趣主要有兩個原因。首先是企業發展的需要。一個眞正成功的企業，必定會有自身的企業文化。否則，管理層和員工之間唯有利益在維繫一切，這是一種冷漠而脆弱的關係，既不利於企業發展，也不利於員工的身心健康。而良性的企業文化是有凝聚力的，當人們對這種理念產生認同而走到一起，就會組成一個和諧清淨、積極向上的團體。佛法中有著取之不盡的寶藏，能爲建立可持續發展的企業文化提供思想的高度和深度。

其次是個人充電的需要，這又包含三個層次。

一是爲了加強自身文化素養。佛法是傳統文化的重要組成部分，如果對佛法一無所知，就難以對傳統文化有全面、深入的認識。關於這點，我在〈佛教與中國傳

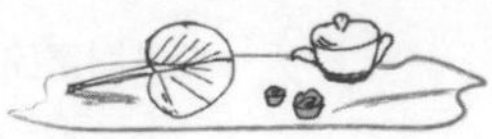

統文化〉一文中有較爲詳細的說明。

二是爲了建立正確的人生觀和價值觀。現代教育最缺乏的，就是做人的教育。而做人是我們一輩子的事業，無法辭職，無法轉交。怎樣才能完善人格，成爲高尚而有益大眾的人？在佛法修行中，佛陀爲我們安立了人天乘、聲聞乘和菩薩乘等種種法門，不僅教會我們做一個健康的人，更教會我們做一個解脫的人，一個圓滿慈悲和智慧的人。換句話說，佛法就是將凡夫改造爲聖賢的教育。

三是爲了探尋生命的終極意義。在這個世間，我們首先面臨生存問題，但這只是人與動物的共同之處。精神追求，才是人類有別於其他生物的不共之處。當我們從生存轉向對精神層面的關注後，就會面臨那些永恆的問題：我是誰？生從何處來，死往何處去？古往今來，很多哲學家都是因爲無法找到令自己信服的答案而走上絕路。哲學只是思辨的產物，如果停留在這個層面，永遠只能在自我的迷宮中打轉。而佛法是佛陀親證的究竟眞理，依法修行，就能幫助我們開發生命本具的無量智慧。答案，盡在其中。

問：您在對不同受眾弘法時，在內容選擇上是否會根據對象的不同而有所變化？這次活動的主要參加者都是企業界人士和公司高階主管，您對他們講解佛法時，在內容選擇上會有什麼特別的考量嗎？比如對那些沒有讀過《心經》的人，您會如何對他們開示？

答：佛法特別強調應機設教，即以受眾喜聞樂見且最易接受的方式說法。我平時在面對社會的弘法中，也會根據不同對象加以調整。比如，對行政人員講和諧社會的建設，對大專院校師生講佛教的教育目標和方式等。此外，還會根據受眾對佛法的認識程度和不同需求做調整。對抱有成見、視佛教爲迷信的人，講如何正確認識佛教；對重視現實人生的人，講何爲幸福，活著的意義是什麼；對開始思考生命終極問題的人，講如何認識自我，超越生死；對已經開始學佛的人，講佛法修學的要領及次第。

此次在深圳爲清華大學ＥＭＢＡ班講「《心經》的禪解」，內容是由主辦方安排的。我在講述過程中，盡量避免過於理論化的說教，而是結合現實人生和對心性

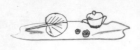

的認識去闡述。

問：您認爲學佛和慈善（行善）的關係是什麼？行善積德在佛法的修行中扮演怎樣的角色？

答：佛教中有一個偈頌：「諸惡莫作，眾善奉行，自淨其意，是諸佛教」。所以說，止惡行善是每位佛弟子的基本行爲規範。在佛法修行中，行善是貫穿始終的。在最初的前行（修行準備）階段，就需要透過行善來積集資糧、培植福田，爲其後的修行奠定基礎。就像遠行需要做好充分準備那樣，學佛也需要有充足的資糧，才能遠離違緣，順利前行。而佛陀是福智兩足尊，成就了圓滿的福德和智慧。所以，任何一個法門的修行都需要福慧雙修，不可偏廢。其中，福德就是透過廣修善行來圓滿。

問：這些年，說到慈善大家首先想到的就是捐款，可是同時，也有很多企業家對這種強迫捐款的做法感到反感。按照佛法的理論，每個人都有他的善根，您對「慈善」二字有何更深層次的理解？

答：佛法所說的善行並不局限於捐款。在佛教中，布施包括財布施、法布施和無畏施三種。除了以捐款（或物）行財布施之外，還可以透過向他人傳授佛法智慧或是生存技能等方式來幫助對方（法布施），或是透過自律及解救物命等方式使對方獲得安全感（無畏施）。

至於「慈善」爲什麼會演變爲強迫捐款，我想原因可能是多方面的。如果企業家對社會有更多的感恩心和責任感，也就不會將扶貧濟困、回報大眾的善行視爲壓力，覺得是被迫爲之。如果大眾都能從我做起，盡自己所能幫助他人，也就不會有那麼多的指責和抱怨。事實上，這種指責和抱怨往往不是出於利益大眾的發心，而是種種複雜的不良情緒在作祟。這是雙方都需要加以反思的。

從佛教角度來說，人人本具佛陀那樣的智慧德相。行善，正是開發這種無限潛能的重要途徑之一。從這個意義上說，利他和自利完全是統一的。行善，就是透過

對眾生的幫助，來完成自身生命品質的提升。所以，行善不僅是付出，更是收穫。就像那些有著穩定收益的投資，只要投入，必然帶來日益增長的收穫。如果認識到行善的利益，我們就會以歡喜心來面對每一個幫助他人的機會，因爲這正是在爲自己播種福田。

問：企業家，尤其是成功的企業家一直是承受巨大心理壓力的人群。心理學是一門從西方傳來的學問，這些年得到很多高層人士的追捧，其實中國很多古訓都是蘊涵著佛理的，比如「退一步海闊天空，忍一時風平浪靜」。您又如何看待佛教目前與心理學界的結合以及這種結合對國人的影響？

答：壓力從哪裡來？往往來自過高甚至是盲目的期待，當我們設定必須達到某個目標而出現障礙時，壓力就隨之產生了。任何一種成功，都是眾緣和合而成，是眾多條件共同造就的。其中，有我們可以把握的部分，也有我們無法把握的部分。

佛教中有句話，叫做「因上努力，果上隨緣」。也就是說，在我們可以把握的部分盡力而爲，至於最終結果如何，就順其自然而不是一味強求。倘能做到這一點，就不會構成什麼壓力了。任何一件事的成敗都是相對的，是可以轉化的。如果因爲這種暫時得失造成壓力，不僅於事無補，還會因此帶來更多的負面作用。這個道理雖然說起來簡單，但眞正做到並不容易。對於從未眞正觀照過內心的人來說，很難駕馭自己那顆野馬般狂奔的心。即使想要放下，依然心事重重，一籌莫展。這就需要一些具體的對治方法。佛法是心性之學，對人生的煩惱困惑有著究竟的解決之道，心理學則代表順應時代需求而產生的治療手段，在形式上可能比較容易爲人接受。這兩個領域的交流和結合，能夠起到相互促進的作用。在這個問題上，國外已經開始嘗試多年並取得一定成效。我相信，隨著交流的深入，這種結合會使更多的人從中受益。因爲心理疾病業已成爲當今社會最爲嚴重的隱患之一，並引起全世界的高度重視。「心病還需心藥醫」，唯有從心入手，才能從根本上消除心理疾患。

問：對於一個想要親近佛教，又不知從哪學起的初學者，您會推薦閱讀哪些相關書籍？

答：對佛教抱有好感的初學者也有不同類型。其一，是希望透過學佛獲得良好的心態和處世之道，在遭遇逆境時能夠從容面對，當下承擔。對於這類人群，我覺得一行禪師、聖嚴法師、星雲大師等很多當代大德的著述都會有所幫助，我也曾經出版過一系列的「人生佛教叢書」，從佛法角度解讀財富、環保、道德等社會問題並提供解決之道。其二，是希望透過學佛提高文化素養，了解佛法理論。對於這類人群，建議可以從南懷瑾先生的相關著述入門，他的著述含有豐富的知識量，比較適合從文化層面來接觸佛法的讀者。其三，是把學佛當作生命目標，真正想要走上修行之路的人群。對於他們，我推薦宗喀巴大師的《菩提道次第略論》，這是一部概括學佛到成佛整個過程的修行綱要，介紹了不同修學階段的具體目標和實踐方法，是一張幫助我們正確走在學佛路上的地圖。本論也是我近年的弘法重點，並出版了相關的書籍音像，可以當作學習《道次第》的參考。

問：當下，此時，在採訪的結尾，您能否為這些來參學的EMBA學員，也是對我們雜誌的讀者，講一個禪宗的故事？

答：有人請教趙州禪師說：「一物不將來時如何？」禪師答：「放下。」對方不解：「我已兩手空空，還要放下什麼？」禪師回答說：「放不下，就把它挑起來！」相對於普通人來說，企業家承擔著更多的社會責任，但這也正是利益大眾，提升自我的機遇。佛教中有句話說「以出世的心，做入世的事」，如果能以這樣的心態來行事，無論管理多大的企業，都能從容而對，隨遇而安，而不會有無法承受的心理壓力。

14

經營企業與經營人生

—— 首屆企業家靜修營「企業與人生」論壇

主持人：現在即將進行「企業與人生」論壇的對話部分。我們邀請到五位嘉賓參與這場活動，分別是森馬集團總裁周平凡先生、西蒙電氣董事長朱建國先生、網易考拉物流總監楊海明先生、賽鵬紫玄航空產業發展有限公司總經理張梅女士、南陽國育文化傳播有限公司總經理楊磊先生。

經過上午濟群法師開示《心經的人生智慧》，及剛才《企業與人生》的精采講座，在座各位肯定會有很多感悟和收穫。幾位企業家代表中，有的和佛法結緣較早，有的對佛法有好感，或感到好奇，還在觀望階段。不管我們現在和佛法是什麼樣的關係，今天的分享和思考，都是幫助我們理解佛法的方便。

先請各位嘉賓分享一下，今天聽完濟群法師開示後的收穫，或是在企業管理中有些什麼樣的思考，需要尋求什麼樣的智慧幫助。

數位化時代的衝擊和改變

周平凡：尊敬的濟群法師，各位朋友們，我來拋磚引玉。聽了《企業與人生》這場講

座，我的感受比較深。因爲我們來自傳統行業，發現數位化時代到來後，對行業的衝擊非常大。

其一，導向不再是由上而下的。可能在座各位也有這樣的感受。我們以前看電影，是看一些專家的評論後再做出選擇，但現在的觀眾大多是看豆瓣評分和票房排行，再決定是否去看。這個導向是大眾而非專家形成的。在傳統的服裝行業中，過去流行風向是來自歐美的大型顧問公司，現在卻轉向由網紅主導，而且是很多網紅，很多碎片化的訊息所主導。

其二，我們在業務運作中，正逐步落實去中心化。有很多業務是以國外企業爲標準衡量，比較結果我們發現國外很多流程是自動化的。在這個過程中，就需要建立共同的規則。我們碰到的障礙是，各部門老總還是有中心的概念，包括我自己，也有很多經驗性的思維習慣。但我確實看到，現在這種以數位化爲基礎的決策，更高效，更客觀。

我想請教師父，由去中心化和建立共同規則所導致的衝突，怎麼才能妥善解決？

主持人：這是非常現代化的問題。傳統企業遇到數位化時代，該怎樣應對？

濟群法師：傳統企業往往以董事長或某位老總爲中心，並以他的想法爲引導企業發展的標準和方向。這樣的企業文化，基乎等於董事長文化，這種情況有利有弊。就像過去的封建時代，如果遇到一位賢明的君主，就能安國興邦，所謂的「明君出而大治」。但賢明的君主畢竟不多，如果把國運繫於一人手中，是很不可靠的。董事長文化也是一樣，既可能得益於董事長的品行、能力，也可能受制於董事長自身的局限。

現在所說的去中心化，就意味著沒有唯一的中心，同時也意味著，每個人都可能成爲中心。那會不會變成一盤散沙呢？確實面臨這樣的隱患。所以在每個人都可能成爲中心時，如何把大家的思想統一起來，形成共同的目標，是非常重要的。以企業來說，首先要思考：我們的企業有沒有文化？眞正統一人的思想，統一人的信念，統一人的價值觀，靠的不是權力，而是文化。就像在中國，從宣導馬列主義、毛澤東思想到現在的建立文化自信，都是在統一大眾的意識形態。企業也是一樣，你接受的是什麼文化？是中國傳統的儒家文化、佛教文化，還是西方的基督教文化，或是現代的科技文化？不管用哪一種，都是以文化統一思想。這是不可或缺的溝通基礎。

其次，去中心化必須建立平臺的機制，這就需要制度化和模式化的支持。現在的網路經營，走的是商業民主機制，但這種民主還是以法治爲基礎。所以，西方的國際化公司很講究模式化、標準化的經營。尤其是今天這個時代，當我們不是以董事長或某個人來做經營決策時，靠什麼決定企業的發展？就是透過大量的數據分析，決定我們做什麼，不做什麼。應該說，這比人的決策更客觀。如果以個人經驗爲基礎，決策永遠是有局限的，而借助一連串的相關數據，能更客觀、更標準、更全面地回應市場需求。

我覺得，重點就在於統一思想，建設有效的制度和模式，進而具備利他的服務精神。如果把這幾點做好，對企業發展會很有幫助。

主持人：我覺得當法師眞不容易，什麼都得懂，大數據、大格局、大平臺、大智慧，

眞是缺一不可。對現代董事長來說，這也是一門新課題。

用機制給個人鬆綁

朱建國：感謝師父，聽了一天的講座體會很深。我先介紹一下自己，我是西蒙電氣的董事長。這是一家西班牙獨資企業，主要做開關插座，到中國快二十年了。在開關行業中，高檔的產品主要有四家，西門子、施耐德、羅格朗和西蒙。我們這些年的發展還不錯，凡叫得出名的房地產公司都和我們有合作，在全中國有幾百家專賣店和零售店。

我做了十多年總經理，現在做董事長和學佛有點關係。因爲我太太學了四五年佛法，我正在逐步了解中，覺得滿好的，也想抽點時間來學，所以就向董事會表示想早點退休，他們不肯，就讓我做董事長，比以前稍微空閒一點。

十年前，我上過一次《波士堂》（商業脫口秀電視節目）。主持人問了我一些問題，比如你是怎麼管理企業的，你的口號是什麼，還翻了我的筆記，上面寫的是「不以善小而不為，不以惡小而為之」。這話很平常，但我就是這麼管理公司的，踏踏實實地做事，認認眞眞地做人。

西蒙是外資企業，我們每一季都會和員工溝通交流。溝通代表不是我們選定的，而是抽籤出來的。在文化、親民等方面，我們可能比一些國營企業做得好，所以這些年留住了一批很有能力的人，公司也發展迅速。

聽了法師的講座，我想和大家分享的一點是：財富需要積累，也要適可而止。雖然我們做企業總是想賺錢，想比人家好，但要有限度。正如法師所說，欲望越大，你就越不滿足，越不幸福，最後甚至會迷失方向。

今天來到這個靜修營，場上有三百多位義工在服務。其實他們都不是閒人，也有很多事幹，其中很多人以前也是企業家。忙忙碌碌一天下來，他們是為錢嗎？不是。他們很辛苦，但很開心，很幸福。我看到眞正發自內心微笑的，正是這些義工。

我並不是說大家不要賺錢，而是要知足。我太太以前是很要強的人，我在上海也買了別墅，但家裡那位會想，現在買三百平方公尺的，以後再買五百、一千的。其實我們家就三個人，需要這麼大嗎？有時候，滿足就是一種幸福。學點佛法，更能放正心態，也能在公司決策時平衡一些關係。這是我想分享給大家的。

我問師父的問題是：透過什麼方式，既能學習佛法，又能平衡好和工作的關係？有時候我想的不僅是爲我，也是爲大家。我要是不在，這個企業接下來會怎樣？我會不會對不起大家？怎樣在兩者之間找到平衡？

主持人：在放與不放、出世與入世之間徘徊，不知該往哪條路走，請師父開示。

濟群法師：如果把放和不放統一起來，把出世和入世統一起來，我想就不是問題了。在座的都是董事長或高階主管，在企業中起到至關重要的作用。如果一甩手，確實會對企業的各方面產生影響。怎麼在做好工作的同時，又能進退自如，不爲所縛？必須建立一套有效的機制。當這套機制運行起來，就能做到有我沒我都可以。這樣的話，我們既能和這個企業保持關係，又能擁有超然的自由。傳統的管理方式偏向於人治，這就很難超然物外。如果建立一套模式化、標準化的機制，既能保障企業獨立、健康地運行，又不對個人形成依賴，我們在做企業的過程中就會比較輕鬆。

當然，怎麼建立這套機制，靠什麼方法來發揮大家的積極作用，就是另一個問題了。

主持人：正如這位董事長所說的，有很多義工的幸福感是溢於言表。師父一直教導我們，承擔越多的義工越要認識到這點，你現在做是爲了將來可以讓團隊做，幫助我們培養無我利他的精神。這是一種境界，我們都在路上，也歡迎您能加入。

可持續發展需要心力

楊海明：大家好，我來自網易考拉。我們這次來有個特殊目的，就是全身心地體驗這些活動，還想在整個集團內推廣。爲什麼會有這個想法？我們是做跨境電商的，打拚三年，現在是行業第一，京東國際、天貓國際都排在我們後面。取得這樣的成績很不容易，但也給我們帶來了困擾。就像長跑中，如果跑在第二、第三的位置，好像努力的有目標，但突然跑到第一了，煩惱就來了，接下來應該怎麼辦？我們曾搞過戈壁徒步、鐵人三項、荒島求生等身體上的訓練，但心怎麼清淨這是一個問題。怎麼將佛法智慧整合到企業文化中，讓我們走得更久、更穩一些？我來的時候在朋友圈這樣說：我要去一個有著兩千多年歷史的連鎖企業學習，而且是全球性的。

主持人：這是來自冠軍的煩惱。行業第一來尋求如何與大家保持更和諧的關係，我們也請師父開示。

濟群法師：取得一定成績後，怎樣可持續發展，是很多企業家關心的。也有不少人已經意識到文化的重要性，希望透過建設企業文化爲後續發展提供動力。那麼，怎樣將佛法智慧整合到企業文化中？

你剛才說到戈壁徒步，現在很多企業家在參加類似的活動，如「玄奘之路」等。因爲參與這些活動，他們開始從室內走到室外，持續運動，身體和生活方式都變得更健康。而在大漠荒野中，去感受天地的蒼茫和博大，也讓人開闊心胸。

但現在的「玄奘之路」，大多是停留在地理上的路線，對其中的精神內涵倡導不足。主辦方提出「理想、行動、堅持」的口號，但這個「理想」是實現自己的理想，而不是去認識玄奘的理想到底是什麼，對今天的人有多大價值。

玄奘西行求法，不是爲了鍛鍊身體，周遊列國，而是爲了追求眞理，追求生命的終極意義和永恆價值。這個理想對人類是有普世意義的，所以說，玄奘之路其實是一條文化之路、心靈之路。透過對這種文化的學習，可以幫助我們解決生命的迷惑，養成高尚的人格。我覺得，在走完玄奘之路的地理路線後，應該開始走「玄奘心路」，這才是更重要的。

對企業家來說，如何在做企業的過程中建立精神追求，然後在這種精神追求之上好好發展企業，是特別值得思考的問題。西方社會也有他們的價值觀、精神追求和道德建設，有他們自己爲人處世的方式，這些都源於他們的文化，源於他們的宗教背景。中國人在學習西方的過程中，只接受了其中科學、商業、企業等內容，這是不完整的。

所以，我們要把西方怎麼做企業和東方怎麼做人結合起來。這些年，很多人在倡導禪商、儒商，包括現在推崇的陽明心學等，都是希望透過學習優秀的傳統文化，重建我們的價值觀和人生觀。事實上，做事不是目的，而是實現精神追求的過程，不要把做事的結果當作一切。

當企業已經做到第一，好像沒什麼可比的時候，回頭看看我們的目標是什麼？生命的意義是什麼？如果我們有精神追求，不管是第一還是倒數第一，其實都沒關係，因爲你知道那些都是夢幻泡影，都是人生的過程而已。

做到第一，可以成爲修行的方式之一；做成倒數第一，同樣是人生的歷練。那樣的話，你收穫的不僅是事業，更是一份精神財富，是一種生命成長，是一項終極價值，而且是永久的價值。如果我們的成功僅僅建立在眼前的事業，不論成功與否，其實都很無常。

楊海明：法師在講座中說到現世利益和來世利益，對企業來說，要照顧員工、客戶和股東等各方利益。有時商場和戰場一樣，我怎麼讓不同的人考慮現世和來世的利益？怎麼平衡彼此的關係？

濟群法師：這就需要文化來統一，需要在企業中建立利他的文化。利他，並不意味著自己就沒有利益了。當你眞正把這種文化建立起來，可能會實現更大的利益，讓企業得到更好的發展。就像稻盛和夫，可以創辦兩家世界五百大企業，並讓瀕臨破產的日航轉虧爲盈，就是因爲具備利他的精神。

如何統一思想？靠我們個人是很難做到的。因爲個人的想法未必有說服力，也很難照顧到方方面面，但如果我們依託某種文化背景，尤其像佛法的人生智慧，這種慈悲、利他的精神高度，及心性、因果等具有普世價值的理論，是可以把各方思想統一起來的。

一旦大家接受了同樣的思想，彼此就容易協調了。當每個人都想著利他，並遵循相應道德時，就是共贏的基礎。有了這種向上的力量，不僅可以讓企業健康發展，也能讓參與其中的每個人受益無窮。

共享經濟時代最應該共享佛法

主持人：接下來是今天在場唯一的女性代表，是位造飛機的女中豪傑。

張梅：感恩師父，能有這樣一個機會。我叫張梅，法名淨慈，是二〇一六年皈依的。

我畢業於北京航空航天大學，主修飛行器設計，從事飛機相關行業已經很多年，既在中國的飛機研究所設計過飛機，也到我們的航空公司維修過飛機。在座的應該常坐飛機，基本上一半是波音的，一半是空中巴士，可能沒坐過國產的。

我離開航空公司後，開始給香港人打工，引進航空設備。隨著中國經濟的發展，我們開始自己研製大飛機，也引進了國外的專家，我稱他們爲「腦黃金」。在此期間，我看到一個商機，把空中巴士的飛機改成貨機。因爲中國市場太大了，遇到雙十一期間，很多貨都運不出去。實際上這條路很艱辛，不斷地做現場演示，不斷地交流，但很少有資本關注。

二〇一六年學佛後，我的心態和價值觀都有很大改變。十幾年前我做法國代理的時候，他們問我：你的信仰是什麼？我很自豪地說：「我沒有信仰。」我們十七八歲求知時，有個口號是「學好數理化，走遍天下都不怕」。但開始學佛後，我才知道人生智慧源於哪裡，才開始挖掘這塊寶藏，從中得到了很多力量，也有緣接觸到投資人。

我們這個公司的目標是讓中國的資本走出去，借助波音公司的高階主管和技術人員，借助最高端的腦黃金，做空中巴士客運改貨運的自有智慧財產權開發。今天師父講的課，我覺得特別受用。如果我們做一件事，能做到利他、無相、無所得，是能感召到種種支持的。

這次到西園寺，是因爲一位師兄說：眞正修學佛法，應該是有系統、有次第的。後來我在上海參加了讀書會，才爭取到這個名額。

我的問題有兩個，想請師父開示。我接觸佛法，上了《六祖壇經》的課才知道：原來學佛不是燒九百九十九元或八百八十八元的香，而是學會覺知。我覺得祖先留給我們的經典太好了，就想把這麼好的東西介紹給兒子和媳婦，但他們很排

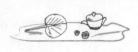

斥。這是其中一個困惑。

濟群法師：今天這個時代浮躁混亂，生活在其中，讓人很累。我們接受佛法智慧後，對世界、人生看得越來越清楚，內心的煩惱越來越少，人也變得越來越寬容，越來越慈悲，越來越淡定，越來越安靜。一般情況下，應該會有這些改變。

我們在學習中受益了，如何介紹給身邊的人？因爲社會上很多人對佛教有誤解，一方面是來自過去所受的教育，一方面是來自教界的現狀。另外，確實有不少寺院讓人覺得佛教無非是燒香和求求拜拜。

其實，眞正的寺院應該具備兩大功能，一是教化的功能，二是靜心的功能。過去寺院的禪堂有三個字「選佛場」，就是幫助我們成佛的道場。所以學佛不只是求佛、拜佛，更重要的是學習佛陀所說的法，學習如何成佛。從這個意義上說，寺院應該是一所學校。

怎樣學習成佛？就是從了解生命到改善生命，進而斷除煩惱，開發生命內在的智慧。我們對人生有困惑，透過聽聞佛法，如理思維，可以從觀念上解決這些問題；我們的心浮躁不安，透過禪修訓練，可以幫助我們培養覺知力，讓躁動不安的心安靜下來，獲得自主力。這才是寺院應有的功能。

隨著社會的發展，信仰也在不斷內化。人們過去對信仰的訴求，大多是向外追逐。現在很多人富起來了，越來越關注精神需要。未來社會的主要問題，不是有沒有飯吃，而是要解決人們內在的困惑和煩惱，解決種種心理問題。佛法的兩大功能恰恰可以對症下藥，一是解除困惑，二是安頓身心。

如何讓更多的人了解這些智慧？確實要有善巧方便。比如我們有千手千眼的計畫，就是讓不同專業領域的學員，以他們熟悉和擅長的方式，爲身邊人舉辦讀書會，讓他們對佛法有正確了解，進而走入佛門，深入修學。這是需要方法的，不能生硬，不能想著「我一定要把好東西介紹給你」，而要以對方爲中心，以他願意接受的方式去分享。

必要時可以創造一些條件，讓他自己去了解。一旦有了接觸，他會發現佛教不是自己原來所以爲的那麼回事。就像你們走進西園寺，參加這兩天的各種課程後，對佛教也會有不一樣的認識。

張梅：我們這個行業屬於「高、大、冷」，民營資本做這麼尖端的產業很少，而且行業中九十九%都是男性。我們是獨資公司，子公司在西雅圖，就是生產波音飛機的城市，身爲女性，多少有些膽怯。我該如何帶領這個企業，包括帶領老外？今天聽師父講《心經》《金剛經》，說「無我相，無人相，無眾生相，無壽者相」，以及用無所得的心來做事。我這兩年也背《心經》，背《金剛經》，覺得理論上能懂，但對於怎麼落實卻覺得有難度。我來之前對員工說：這兩天你們不要找我。他們說：張總你去吧，你每次禪修回來，有一段時間的情緒都會很好。那就說明，我所學到的和實際做到的距離還是很大。所以我想光背不行，還要考慮如何突破，是不是三級修學能輔佐我？有這麼多師兄，互相加持、鼓勵，是不是可以走下去？這是我的第二個問題。

濟群法師：佛法博大精深，有眾多的法門、宗派和經論，所以怎麼學佛確實是很大的學問。

我弘法幾十年來，看得越來越清楚，看清楚佛法對人生的價值，看清楚整個社會對佛法的需求，同時也看清楚，多數人學佛是不得其門而入的，往往只是根據自己的感覺，東抓一下，西抓一下，學得很混亂。

怎樣才能有效學佛？在多年探索和實踐過程中，我們逐漸形成了一套修學課程。首先讓大家明確，學佛的目標是什麼，就是要走上生命覺醒之道。接著讓大家了解，學佛的方法是什麼，路徑是什麼，包括第一步怎麼走，第二步怎麼走，第三步怎麼走，怎樣才能一步步走到終點。

這套課程是模式化、標準化的。只要有人真正需要，我們會有義工無償地提供服務，幫助大家透過這套模式來修學佛法，包括在企業落實，在社會落實都可以。

我們不是要做一個團體，而是做一套課程，指出一條路徑，本著無我利他的精神，幫助更多人從佛法中受益。

主持人：這套課程的產品，就是我們這些穿黃衫的義工們。我們跟著濟群法師走在學佛的路上，有一個共同的名字，叫做三級修學學員。雖然我們學佛時間各有長短，每個人的變化不太一樣，但我們有堅定的目標，相信可以改變自己的命運，成爲自己的主人。

菩薩低眉和金剛怒目都是慈悲

楊磊：這裡有這麼多師兄在場，坐到臺上很緊張。剛才看到法師的微笑，我覺得緊張好了一半，然後聽法師開示，感覺無上清涼，緊張差不多都消除了。我與佛有緣，從事的是水晶佛造像。我們在全國算是做得比較好的一家，總設計師是中國工藝美術大師仵應汶先生。少林寺送給俄羅斯總統普丁的禮物，就是我們工作室的作品。

我們做手工藝，屬於工作室的模式，但也是公司的結構。我負責經營管理，就像做實業的企業家一樣，也會遇到各種問題。今天聽法師開示，第三部分是關於「道德與利益」，我在這方面有很多困惑。

我們從事佛造像，一直遵循一個原則：雕刻佛像就像雕琢自己，透過雕刻佛像去修身修心。我們也會按佛教的一些做法爲人處世，但接觸的人和事多了之後，發現社會上有些人不按常理出牌。我們以恭敬心、慈悲心去做事，但對方可能把你當成一門生意，對你施展各種技巧，讓你感覺怎麼能這樣做事？而且覺得自己越慈悲，對方對自己的傷害就越大。

這次來是想透過法師的開示尋求力量。因爲有時遇到事會有點想不通，比如小偷偷了你的東西，但五千塊錢以下警局不予立案，你只能自己去找。你心想：他犯了錯誤，是不是應該得到懲罰？如果按我們的做法處理，別人會覺得你很軟弱。在這種情況下，能不能用非常規的方法教訓他，警告他？但有時又覺得，這樣做可能不太妥當，我們也不敢去做，於是面臨兩難。我覺得，這是做實業的人常會遇到的困惑，很尷尬。

主持人：您是要請教濟群法師道德與利益的問題吧？慈悲往往被人利用，這時候，我們作爲有信仰的人該怎麼辦？

濟群法師：我們學佛後，會形成一套做人做事的準則。即使沒有學佛，只要接受了一些宗教信仰，或儒家文化等道德教育，都會形成相應的準則，對社會大眾多一分寬容，多一分慈悲。

當這分寬容和慈悲遇到不對等的待遇，我們會覺得內心受到傷害。其實，這裡有外界的因素，也有自身的因素。爲什麼這麼說？因爲這個世界不是按照你的設定和標準而存在的。

上午講座中說到，我們要學會用緣起的眼光看世界。每個人，不管我們認爲他是好人還是壞人，是小人還是君子，他的觀念和做事方式，都代表著長期以來的生命累積。他今天成爲這樣的人，有自身的成長歷程。從緣起的角度來說，不論什麼現象，其存在都有合理性，只不過我們對這個合理性缺乏充分了解。

當然，合理並不意味著正確，事實上這是兩碼事。也就是說，他會成爲這樣的人，做這樣的事，都有自己的前因後果。如果我們跳出自己的設定，從緣起的智慧看問題，就更容易接納世間的人和事，即使受到不公正待遇，一樣會心生慈悲。有句話說「因爲懂得，所以慈悲」，如果你懂了你會看到，他沒有健康的人格，雖然在某些事上對你構成了傷害，但對他自身來說，未來的麻煩和苦果是無窮無盡的。

菩薩的修行，就是要從自己的設定中跳出來，體會每個人的苦衷。當我們這樣去做，不論面對什麼，都不會受到傷害。

那我們怎麼來理解慈悲？慈悲是不是沒有原則？是一味寬容忍讓嗎？是不可以懲罰別人嗎？其實不是。慈悲是建立在我怎樣才能眞正幫助他。首先，你有沒有想著幫助他？只有你是眞誠地想幫助他，才屬於慈悲心。

至於怎麼幫助他，既可以不和他計較，讓他自己去反省，也可以透過嚴厲的懲罰，讓他從中受到教育。寺院有四大天王，也有彌勒菩薩坐在中間，笑呵呵的。因爲菩薩的慈悲和對眾生的教育並不只是一種模式，有和風細雨，也有金剛怒目，雷霆手段。

所以說，不在於行爲本身，而在於你是不是以慈悲心去做。比如你遇到乞丐，覺得他是專業乞丐，到底要不要布施？到底怎麼做才是對他的慈悲？很多人糾結於

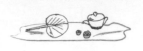

這個問題。

事實上，如果你出於慈悲，覺得應該讓他自立，這樣對他未來有好處，那麼你不布施就是慈悲。你如果覺得他透過這種方式生存，已經很可憐了，應該帶著慈悲心去幫助他，那麼布施也是對的。所以，不在於布施或不布施，主要在於你的心態。

對待別人的傷害也是一樣。你有智慧的話，寬容或懲罰都是對的。但你沒有智慧的話，寬容可能是縱容，懲罰可能是洩憤，都是不對的。

主持人：感恩師父的開示，這時考驗的不僅是慈悲，還要有智慧。師父一直教我們要悲智雙運，自利利他。

從利益共同體到命運共同體

周平凡：剛才主持人對我們企業的介紹少了一點，我不是來做廣告，是想由此引出問題。我們是傳統企業，下面有森馬、巴拉巴拉等十幾個品牌，門市有八千個，自己的員工有八千人，還有五百多個工廠，幾千個經銷商。所以企業碰到最突出的問題，就是人的問題。

我們最近準備購併一家法國企業，做兒童用品的，在法國排名第一，有兩千多名法國員工。如何處理文化和價值觀的差異，是我們面臨的首要問題。

舉個例子，我們以前曾購併一家韓國公司，其中有位資深員工，我常和他一起出差。每次我向他介紹中國美食，叫他吃他都吃，讓我覺得他很能吃。出差五六次後，他託人告訴我，其實他吃不下。如果是中國員工，吃不下就拒絕了，但韓國員工不敢拒絕，老闆叫幹什麼就幹什麼。可見，文化帶來的習慣有很大差異。

再比如我們有個杜拜的客戶，他在當地開了家專賣店。有一天下午他到我辦公室，事前約好談一個小時就結束。但他對折現率不滿意，必須談到他滿意爲止，否則就不走了。本來我覺得老外很守時，結果發現他在這點很像中國人。這又體現了人在某些問題上的共同之處。

面對這麼多人，有統一的價值觀，良好的企業文化，我覺得特別重要。同時，處

理好供應商、經銷商、員工等各種角色的利益分配也很關鍵。

今天的社會都在講合夥人，而合夥人的成本正在發生變化。我們公司主要部分在上海，現有兩千多名員工。每年大概有兩百名校園徵才聘用的員工，去年流失很嚴重，主要是西安的。我們以前覺得西北人比較淳樸，不愛動，爲什麼現在流失最多？發生了什麼問題？我們做了調查，發現所有在上海的校園徵才聘用的員工，三五年內都要考慮一個重大問題，那就是買房。如果他買不起房，就覺得在上海娶不到好老婆，將來孩子的教育也成問題，所以他得找能供他房子的公司，就會出現跳槽。大家都知道，在上海買一套房子太貴了。所以企業也要考慮這點，這個合夥人的成本不低。

這些利益分配的矛盾，包括價值觀的衝突，都和人有很大關係。當你面對有各種訴求的員工，會覺得培養自身領導力很重要。我以前也是這樣想的，所以去念了中歐國際工商學院等商學院，希望透過學習有所提升。

今天聽了師父的開示，我最有感觸的是，只有利他心是跨越國界的。不管韓國人、法國人、中國人，你眞正有利他心，大家是容易溝通的。我也聽過不少領導力的課，其中有共同之處，也有差異。後來才發現，最重要的領導力，是有一份慈悲心。現在的員工特別聰明，你和他耍手段，他很快就知道。如果你眞心幫助他，自身又夠專業，就能逐步樹立領導的威信。這是我個人單純的感覺。

濟群法師：如何平衡各種人之間的利益分配？從企業來說，要建立共同體的觀念。首先是利益共同體，進而提升到命運共同體。把企業的問題變成大家的問題，把企業做的事變成大家要做的事。我想，這樣的企業管理起來就會比較輕鬆，大家做起事來就會比較自覺。否則的話，人都有自私的特點，別人憑什麼爲你做事？企業的老總們經常講，我是在爲這麼多員工打拚；但員工們可能覺得，我們都在爲老闆打工，爲老闆賺錢。誰說的對，誰說的錯呢？大家都對，大家都錯。所以，我們要建立一個共同體，做好利益分配，制定共同規則。同時，也尊重文化的差異，這樣就可以在共同規則的前提下，充分發揮每個人的作用。這種機制特別重要，在很大程度上，決定了每個人能不能發揮作用，決定了我們的事業能做得多大。

過去的人做企業時，往往是建立在自身經驗上，透過經驗做出判斷，更關心怎樣把一些事做起來。但在今天這個網路思維的時代，價值觀的建構，企業機制的革新，都是擺在我們面前的新課題。

科技的發達，技術的革新，給世界和人類生活帶來了巨大改變。如果企業主還是局限於以往的經驗，將會越來越跟不上時代。企業家必須有開放的胸懷，透過對優秀傳統文化和現代先進管理經驗的學習，不斷更新並突破原有的認知系統。只有跟上世界的改變，才能立於不敗之地。從另一個角度來說，只有找到跨越國界和時代的共同之處，才能以不變應萬變。利他和慈悲，在任何時空中，都是化解矛盾、互利互惠、與人和諧相處的根本。

主持人：非常感恩法師的開示。我們今天聽了兩場講座，還沒有真正開始修學佛法的朋友們，可能覺得理論比較多，而這場論壇讓大家看到了佛法智慧實際運用的案例。感恩五位嘉賓代大眾請法，提出這些問題，幫助人們解除心中的困惑。佛法

有八萬四千法門，是因爲我們有八萬四千種煩惱，就是說到半夜也說不完。我們就把對佛法的繼續追問，以及在生活、工作中怎樣進一步實踐佛法留作今後的課題。希望這次靜修營，成爲我們生命中與佛法的一次美好相遇。

15

認識佛法，成為更好的自己

—— 首屆企業家靜修營結營式問答

兩天，四十八小時，如果能成爲未來四十八年甚至更長人生路的拐點，由此開啓無比寬廣的生命，你願意擁有這樣不同凡響的兩天嗎？時間如水流逝，首屆企業家靜修營進入倒數計時。二〇一八年五月十三日下午兩點，拈花堂內的現場問題解答在歡聲笑語中進行。佛法指迷津，智慧解心結，願所有的參與者滿載而歸。

學做菩薩，歡喜承擔

問：這兩天義工們這麼認眞地爲大家服務，讓我感慨頗多。我想請問師父，爲什麼我們平時付給員工加班費，他們也不願意這麼幹呢？您能不能把絕招告訴我們？這應該是讓我們此行收穫最大的。

答：這兩天，大家都感受到了義工們的熱情。爲什麼他們會有這樣的奉獻精神，而且在奉獻過程中充滿歡喜？那是因爲他們在學做菩薩。菩薩有兩大特質，一是智慧，一是慈悲。慈悲的修行，正是透過服務大眾成就的。

學佛有一項重要內容，就是發菩提心，樹立崇高的利他主義願望，進而落實到行動中，加強並深化這個發心。在此過程中，還要學會以眾生爲中心，而不是以自我爲中心。這就是「無我利他」，沒有我，只有弘法的事業，只有大眾的需要。那麼在修習慈悲的同時，也在修習智慧。

如果你希望員工具備這樣的素養，就要讓他們學做菩薩。首先自己要建立一份菩薩的事業，當你的員工們感受到，這個事業不僅僅是爲了老闆的利益，個人的生存，同時也是在爲大眾服務，並且完全認同這一理念，他們就會有源源不斷的動力，有發自內心的歡喜。

而認同這份事業的前提，是接受相應的教育，眞正認識到：我爲什麼要做利他的事業，這麼做對完善自我有什麼好處。事實上，利他本身就包含著利己，是對自身生命品質和思想境界的提升。

如果你做一份這樣的事業，員工也認同這種價値觀，認同這種精神追求，一定也會像我們的義工那樣，歡喜承擔，任勞任怨，因爲這是他自覺的選擇。

紅塵之中，保持初心

問：我現在參與了一件事，內心比較困惑。二〇一四年，因爲家中出現變故，我許下願望，希望能在有生之年爲社會做些貢獻，從此一直在尋找機會。二〇一六年，有人說他可以治糖尿病，我媽就是糖尿病患者，我就讓他治。我們用兩年時間證明，治療方法確實是有效的，所以就準備開始推動。在此過程中，我們做了約定，一是希望讓普天下的人用到這個技術，所以要用接近公益的形式推廣；二是希望他把賺的錢捐出去修學校。隨著時間推移，了解的人確實越來越多，但有些人希望以更快的方式賺更多的錢，同時也否定了把錢捐出去建學校的想法。這些都和我原先的發心有很大差異。請問法師，紅塵中風浪這麼大，怎樣才能堅持下去？是不是應該堅持？

答：一個人要樹立崇高的理想，不是容易的事，更難的是堅持下去。關於這個問題，首先需要確認一點：這是不是你眞正的人生願望？這點非常重要。

每個人都會有種種想法，有不同的心理力量，是複雜而非單一的存在。我們要讓某種崇高理想具有力量，成爲生命的主導，需要不斷確認目標，認識到這麼做的意義，認識到這是值得爲之付出的，同時不斷修行，讓你的修養跟得上這種願望。如果其他修養跟不上，光靠意志力，想把利他的願望堅持下去，其實是遠遠不夠的。因爲其他心理會形成干擾，讓人患得患失。從另一方面說，某件事沒有產生利益時，大家合作起來會比較單純。一旦有了利益，就會引發內在的貪瞋癡，事情就容易變質。

當我們確立目標後，如何保持它的純正性？一方面，從個人到團隊都要透過學習提升認識，統一價值觀；另一方面，要形成具有法律效力的約定。如果能從內在達成共識，從外在建立約束，進展就會更有保障。否則在今天這個時代，社會上有眾多的誘惑和干擾，實在很難保持這份初心不變。

學會觀照，回歸本心

問：我在前幾年念了中歐國際工商學院，感覺靜修營就是佛教版的中歐國際工商學院。在中歐國際工商學院上課有個特點，同學的分享往往比教授講得更精采。師兄們今天的分享也很精采，但我覺得不可能比濟群法師講得好。爲什麼呢？因爲法師是在另一個維度。

我之前有幾次親近法師的機會，得到很多開示。今天想再請教一個問題。有道是「練武不練功，到老一場空」，我覺得對學佛者來說，如果沒有實修，沒有實證體驗，也是不究竟的。我在西園寺看到兩個牌匾，一個寫著「歸元」，另一個是湖心亭的「月照天心」。我的理解，前者是要我們回到心的本然狀態，後者是描述心的本然狀態。

請教法師，如何回到心的本然狀態？或者說，至少是暫見心的本然狀態。昨天晚上的靜修教我們觀呼吸，幾千年來，這個修行方式有沒有一些發展？佛教有「萬法唯心」之說，是否說明物質世界本身是虛妄的，只有心才是眞實的？怎麼做到心能轉物？如果每個人的心都是無限廣大的虛空，是否意味著，大家的心是連在一起的，實際上是一個心？眾生都出自一個源頭？

答：學佛的核心目標就是回歸本心。那麼，如何回歸心的本來狀態？從佛陀到歷代祖師大德爲我們指引了很多途徑。禪宗更指出了「直指人心，見性成佛」的頓悟法門，它之所以快，就在於找到了修行的關鍵。

既然是本心，就是每個人本來具備的，只是我們現在迷失了，找不到了。一旦找到，它是現成的，不增不減，一直都在那裡。怎麼找？如果一個人迷失的程度很淺，內心的塵垢很薄，又能在善知識引導下修行，其實看到本心並沒有那麼難。當然，認識只是修行的開始而已，接下來還要不斷保任，去重複，去熟悉。其中有一個漫長的過程，所以見道後還要修道。

從三級修學來說，是如何讓大家認識本心的？我們所做的，是提供一條常規路線。首先是改變觀念，掃除內心的迷惑和修行障礙，學會用智慧觀察世界，用正

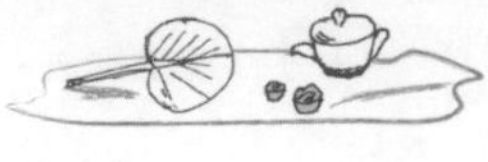

見指導修行，從而一步步接近本心。

凡夫有主觀、客觀、美醜、善惡等種種執著，這些執著使我們卡在二元對立的世界，無法透過現象直達本心。昨天講到的《心經》，重點就在說「空」，幫助我們空掉執著和二元對立，否則我們就會爲其所縛，使生命充滿不自由，不自在。禪修的主要內容是止和觀。你們在這兩天的體驗中，透過觀呼吸，透過步行禪，先是讓心靜下來，進而訓練專注力。當心能夠持續、穩定地專注，才會形成定力，才有能力去觀照，知道如何看待我們的身體，我們的感受，及見聞覺知的每種現象，看清它們究竟是什麼樣的存在。

在認識現象的過程中，如果缺乏智慧，就會被境界所轉，執著於此，在現象上產生種種煩惱，陷入迷妄之中。反之，如果我們有智慧觀照，就能在一切現象的當下體悟空性。事實上，每個有限的當下都是無限，其本質都是空性。禪修就是幫助我們訓練觀照力，這樣才能透過現象，體認現象背後的空性，回歸本心。

關愛健康，認識生死

問：我有一個小問題和一個大問題。小問題是關於體檢。女性一般比男性更關注身體健康，但我家人看不上體檢，認爲它不是萬能的。我先生就說，我有太太，寶寶也很健康，那我肯定健康，而且認爲自己有買保險，不用擔心。

大問題是關於臨終關懷和過世後的祭奠。現在不少企業家，包括普通百姓特別看重形式，上海周邊的一些墓地甚至比人的住房還貴，很浪費社會資源。關於這個問題，法師能不能從人文和可持續發展方面給些指導，讓我少一些糾結？

答：體檢不體檢，每個人有不同的認識。尤其是中國人，多數還沒養成這種習慣。其實每年做個體檢也挺好，能夠了解自己的身體狀況，有問題及早發現。當然更關鍵的是，平時養成健康的飲食起居習慣，適量運動，保持良好心態。如果在這些方面都有保證，是否體檢關係也不大。當然，如果覺得不體檢內心不安，或是讓身邊人不放心，做一下也挺好。這沒有一定的對與不對，可以根據自己的實際情況選擇。

關於墓地的事，中國有講究風水的傳統，也重視對祖宗的祭奠，認爲這是教化民眾的方式之一，所謂「愼終追遠，民德歸厚矣」。對於這樣的習俗，關鍵是認識到其中的精神內涵，而不是只做表面文章，也不要過分鋪張。

從佛教來說，更看重的是安寧關懷和臨終助念。安寧關懷主要在確定這一疾病已沒有治療意義，且病人不願接受搶救措施後介入。對某些生命走到盡頭的患者來說，創傷性搶救與其說在延續生命，不如說是讓人受盡折磨。所以現在不少國家和地區都在提倡安寧關懷，當醫學治療無效時，對病人進行心理疏導，使他能平靜地、有準備地面對死亡，是更重要的。

而臨終助念主要在死亡前後進行。佛教把人的生命分爲四個階段，一是出生的時刻，即生有；二是出生到死亡的階段，即本有；三是死亡的時刻，即死有；四是死後到下一期生命出現前，即中有，也叫中陰身。就像我們已經結束一份工作，還沒找到新工作之間的階段，是這一生和下一生的過渡時期。

佛教認爲，一個人要離開世界時，帶著什麼樣的心離開特別重要。在某種程度上，會決定你的未來去向。所以佛教特別看重臨終助念，一方面對亡者加以引導，一方面依靠大眾共同念佛的力量，幫助亡者提起正念，心向光明，祈求佛力加持。包括去世後的四十九天內，也要多爲亡者做一些善事，這些功德將影響到他們的未來去向。相比之下，這種對亡者的幫助會更直接，更有意義。

對於如何面對死亡的問題，儒家思想相對比較薄弱，所以在中國傳統文化和習俗中，大家對這個問題也不太關注。雖然在意後事的安排，卻不知道，眞正面臨死亡的那個階段才是最關鍵的。結果往往沒有正確心態，不知如何面對，最後在痛苦、掙扎、恐懼中無奈離去。身邊的親人也缺乏相關常識，手忙腳亂，非但不能給亡者幫助，甚至會因無知造下惡業。在這些方面，佛法給我們提供了更全面的支持，值得大家深入了解。

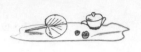

智慧管理，佛法支招

問：三級修學這麼好，如何將這種模式導入企業中，使企業更具凝聚力和競爭力？

答：如何把佛法智慧運用在企業管理中？從去年開始，我們就在做這方面的探討。三級修學的學員中有不少是做企業的，大家發現，現在做企業特別需要企業文化，否則管理起來很辛苦。說到企業文化，離不開價值觀和人生信念，同時還要營造良好的環境。我曾經提出，打造一個讓員工有幸福感的企業，應該做些什麼。

第一，營造良好的生態環境，禪意氛圍。讓員工們不只是來這裡上班，而是把企業當作家園，喜歡到公司來。就像我們所在的拈花堂，原來是一個放麻袋的倉庫，我們把它重新設計成禪意空間，每個人到這裡都很喜歡。可見外部環境也很重要，可以讓人身心安住。

第二，營造溫暖的人際關係，在員工中倡導關愛、互助、慈善的精神。否則，大家除了利益關係、工作關係，沒有一種友愛的關係，是冷冰冰的。這種愛心的營造要有文化背景，要認識到，我爲什麼要培養愛心？爲他人付出愛心對自己有什麼好處？這樣才能發自內心地關愛他人，而不是用來作秀，用來作表面文章。第三，營造智慧的文化導向。我們可以透過讀書會，推動大家學習佛教文化或儒家文化，引導員工成爲有道德、有誠信、有團隊合作精神的人。進一步，還可以導入三級修學。如果大家都能認同並接受這種智慧文化，不僅可以培養員工的道德感、利他心，同時可以統一員工的思想、信念、價值觀，從根本上解決管理問題。

事實上，管理的問題主要還是在於人。我們有不少學員參加修學後，煩惱減少，智慧增長，對人和事看得更清楚，能本著互利互惠的原則，善巧地解決問題。所以有些企業也在組織高階主管們學佛，大家學了之後變得自覺，溝通成本降低，管理也更爲輕鬆。當然前提是企業主自己帶頭學習，一個企業要改變，企業主的價值觀是根本。

在制度建設上也是一樣。很多人參加三級修學後，把書院的模式帶到企業中，對管理有很大幫助。

書院的管理有三大精神。一是自覺的精神。這種自覺靠什麼產生？社會上靠的是利益或合夥人制等，而我們靠的是價值觀。大家來修學，來做義工，完全是出於自覺，因爲他們認識到，修學和做義工會給人生帶來巨大的意義，甚至會覺得這是生命的唯一出路。因爲對這種價值觀產生高度認同，就會發自內心地覺得，我要爲這種終極價值而努力，自覺地走向生命覺醒，同時幫助芸芸眾生走向生命覺醒。

二是法治的精神。如果大家都很自覺，但每個人有各自的想法，其實也挺麻煩的。這就必須建立模式化和標準化，使每個崗位、每項工作都有一套可以複製的標準流程。從做什麼到怎麼做，都要接受相關訓練。在這個團體中，不是你聽我的，也不是我聽你的，而是大家都聽模式的，都按模式去做事。

三是無我利他的服務精神。在執行模式的過程中，畢竟是人在執行，也會偏左或偏右，甚至引發矛盾。怎麼解決這個問題？這就需要認識到，所有模式最終是爲人服務的，爲利益眾生服務的。如果大家都能放下我執，以眾生而非自己爲中心，溝通起來就不會有障礙了。如果能在企業中落實這樣三種精神，我想，管理起來就不會有太多人爲障礙，企業也會更有凝聚力。

認識成功，選擇人生

主持人：法師眞是無我利他，把書院的核心競爭力都告訴大家了。各位企業家在百忙中給自己放兩天假，來聆聽大德開示，是我們生命中跟佛法最美好的一次相遇。今天的活動即將圓滿，在大家離開西園寺前，我們祈請導師給點臨別贈言。

濟群法師：剛才大家做了精采的分享，也對我們的義工給予高度的評價和讚揚，尤其是被他們發自內心的微笑打動。這種微笑就來自無我利他的服務精神。我們學佛，就是要向佛菩薩學習。你們知道佛菩薩的微笑是什麼樣的嗎？那是舉身微笑，全身心在微笑，每個毛孔都在微笑。

一般人的笑是來自某件事，某種情緒，而佛菩薩的微笑是來自對空性的體悟。他體悟到宇宙人生的眞理後，時時刻刻都散發著喜悅，這種喜悅是寧靜而安詳的，是時時刻刻，無所不在的。這正是生命的最高境界和永恆價値。

現在有句話很流行，那就是成爲更美好的自己。其實，這也是學佛的目標所在。但世間人對美好的認識，多半停留於外表，而不是內在特質。我經常說，現在人對身體和身分的關心，遠遠超過對生命的關心。可我們要知道，身體和身分是暫時的，生命品質才是永久的。不僅關係到這一生，還會影響到生生世世，因爲這些積累都會成爲未來生命的起點。

在座的企業家都很聰明，很會投資，但在有些事情上，可能受到視野和文化的局限，對人生價値的認識未必完整。人生有三種成功，一是事業的成功，關係到一件事；二是做人的成功，關係到這一生；三是生命的成功，貫穿著過去、現在、未來，這才是長久的、最有價値的成功。

如果我們沒有堅定的人生觀、世界觀、價値觀，很容易被當下的潮流推著走。我們看到的世界，想到的事情，對人生的思考，往往受制於時代風向。參加靜修營的學習，是給大家提供另一種視野，透過佛法智慧認識生命，從更高的角度認識成功，選擇人生道路。這比任何問題都重要。

這兩天的活動相當豐富，除了三個講座，還有坐禪、行禪的訓練，並有早課、讀書會、半日閒和寺院生活體驗。雖說條件艱苦一點，但我想這種體驗對你們來說非常難得。在這樣的氛圍中，大家當下的狀態都比較好。如何把這份體驗帶回去，成爲改變人生的新起點，是我們接下來需要努力的。因爲靠環境產生的感覺並不長久，如果內心缺乏後續的支持，可能很快就被打回原形，回到原有的狀態。所以未來進一步的學習非常重要，這樣才能形成正確的人生觀、世界觀、價值觀，具備淨化和改造自己的能力。

很多人覺得三觀是哲學問題，很抽象，甚至很空洞。事實上，三觀和現實人生有著緊密關連，代表我們的人生定位，看問題的方式，以及選擇什麼捨棄什麼。可以說，我們的所作所爲、所思所想都離不開三觀，這是決定人生高度的根本。

如果沒有高度，只看到眼前的現實價值，看不到終極價值，人生是不完整的。尤其在今天，缺少終極的價值觀，將沒有能力面對瞬息萬變的社會。三級修學同喜班的《佛教的世界觀》《心靈創造幸福》等課程，從另一個角度，幫助我們認識人生，認識世界。其中有完整的體系，清晰的次第，按照這一引導，可以從改變觀念入手，逐步改變心態乃至生命品質。

我們要做的是生命改造工程。生命也是一個產品，它的打造也是有規律可循的。當我們對生命、心性有智慧的認識，知道要選擇什麼，解決什麼問題，就能主動把握未來。在修行過程中，我們會感到內心的負面力量在不斷減少，正向力量在不斷提升，生命將變得越來越美好，越來越幸福。這樣一個改變，不僅對這一生重要，對盡未來際的生命都很重要。

除了重建三觀，改造生命還需要不斷重複。書院倡導的修學特點，是「聞思經教，樹立正見，擺脫錯誤，重複正確」。學習就是重複的過程，關鍵是我們重複什麼，是重複錯誤習慣，還是重複正向力量。我們在這裡所學的內容，回去後還要透過不斷重復來強化並深化。在此過程中，單純靠自己是很難的，還需要老師的引領，需要良好的氛圍。

三級修學模式，正是針對大眾學佛中存在的問題和需求建立的。如果大家進入這套修學體系，我想，不論對個人還是企業的成長和提升，都是很有幫助的。那樣的話，我們參加這次活動的意義，將更加不同尋常。否則，今天的人面對的資訊實在太多，要讓一種觀念在內心停留，落地生根，變成自己的心行力量，其實是很難的。只有不斷學習，不斷重複，才能成爲生命的主導力量。

最後，祝福大家透過佛法認識自己，成爲更好的自己。

16

以出世之心，做入世之事

——《財富品質》專訪

問：在現實生活中，有些人不敢走近佛教，以爲佛教是消極的。一旦信仰了佛教，對事業就會失去進取心，您怎麼看待這種現象？

答：消極和積極是相對的。許多人評判消極和積極的標準，都是以自己的追求和生活方式爲座標。他們以爲符合自己追求和生活方式的，便是積極；反之，便是消極。可是，普通人的生活和追求是否就是積極呢？其實，多數人的追求和生活，都是建立在個人的迷亂感覺及社會習俗上，被個人習慣和社會潮流所左右，並非出於智慧的抉擇。這種生活看似積極，其實是消極而被動的。

一個學佛者，他所追求的人生目標，是經過認眞思考和抉擇的。這個目標就是追求眞理，追求智慧，以此解脫生命的迷惑和煩惱。在他們看來，唯有經過智慧省察的生活才是有意義的。不僅如此，他們還發願把眞理和智慧帶給更多的人，幫助更多的人達到這樣的目標。可以想像，一個人如果具有這樣的目標和意義，不僅不會消極處世，反而會更有進取心。雖然他在生活中也會處理許多平常的事情，經營各種類型的事業，但因爲發心不同，認識不同，他所經營的事業和生活也將被賦予更高的意義。

問：在傳統的觀念中，許多人認爲：「儒家是入世，佛教是出世」，於是年輕時選擇入世做官、做事，官場失意或年紀大了，才考慮選擇佛教信仰。您怎麼看待這種現象？如何正確理解佛教的出世思想？

答：官場失意或年紀大了才選擇佛教信仰，這只是一小部分人的寫照，並非所有的人都如此。在歷史上很多士大夫或文人，在年輕爲官之時就選擇佛教爲信仰，如唐宋文人白居易、王維、柳宗元、蘇東坡、王安石等。今天也有不少成功的企業家，他們一方面獲得世俗的成功，得到社會的認同，但同時也開始尋找生命的智慧，有著虔誠的宗教信仰。所以，覺得只是官場失意或年紀大了才選擇佛教，這是對佛教出世思想的片面理解。

那麼，佛教所說的出世是什麼意思？出世有出離、超越之意。這並不是說，必須放棄世俗的生活和事業。有些人遠離塵世，入山修行，那只是個人的選擇，或者是修學階段的選擇，不是學佛的必經之路。如果具有正見，在紅塵中一樣可以修行。我們眞正要出離的並不是環境，而是生命內在的迷惑和煩惱。從佛教的觀點來看，人們在迷惑和煩惱中度日，那就是世間。一旦超越這種迷惑和煩惱，在世間的當下，便是出世間。這也就是《六祖壇經》所說的「佛法在世間，不離世間覺；離世覓菩提，猶如求兔角」。信仰所關注的是人生大事。比

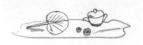

如我是誰，活著的意義，生命的歸宿等，這些問題是人類永恆的困惑，對每個人而言都存在。只是因爲人的根機不同，有的人慧根深厚，從小就能意識到這個問題的重要，也有的人要經歷世俗生活的歷練才開始思考。當然，還有一些人終日沉迷於物欲中，只會關注眼前的需要和欲望的滿足，他們可能永遠也想不到人生還有這樣的大問題。不過，人一旦觸及這些方面，必然要面臨如何解決的課題。如果想要圓滿解決，自然離不開佛教的信仰。

問：世間人在追求事業的過程中，難免會很執著。執著就會帶來痛苦，導致活得很累，於是很多人就會嚮往出世的超然，可是同時又不願放棄世俗的事業和生活。如何才能做到這二者並行不悖呢？

答：在現實人生中，要把出世與入世統一起來確實不易。積極入世，容易陷入對世俗的執著，結果活得很累。而追求出世，又會遠離和放棄塵世的一切，感覺不近人情。這兩種情況似乎都不理想。

如何才能讓二者並行不悖呢？在大乘佛教中，菩薩行者的修行經驗值得我們借鑑。一個菩薩行者，既要有出世的超然，又要積極入世，廣行利益眾生的事業，所謂「以出世之心，做入世之事」。佛教有一部《維摩詰經》，其中的維摩詰居士就是以商賈富豪的身分，擁有妻子兒女，出入娛樂場所，卻能出淤泥而不染，在與社會民眾打成一片的過程中，對他們起到教化和引導的作用。同時，闡說不可思議的不二法門，強調「心淨則國土淨」，是在家居士於紅塵修行的榜樣。

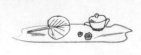

如何才能培養出世和超然之心？在大乘佛教中，是透過對「空」的認識和體證來達成。佛法所說的「空」，不同於我們所理解的空無或一無所有。從佛法的角度來看，「空」和「有」並不對立，而是統一的。比如《心經》說：「色不異空，空不異色；色即是空，空即是色。」《金剛經》所謂世界，「即非世界，是名世界。」都是在告訴我們，世間任何一種現象無不是因緣和合而成。換言之，是條件決定一切的存在。離開條件，我們在任何事物中都找不到固定不變的特質。所以，這種存在只是因緣假相而已。但我們爲無明所惑，無法見到世間的眞相，於是就會把主觀的想法和需求投射其上，覺得它就是如此，確實如此，由此衍生出許多煩惱。佛教所說的「空」，正是要幫助我們認識眞相，去除我們主觀賦予的種種特質。這樣才能從迷亂的狀態中走出，超然物外，心無所著。

了解到生命眞相之後，看到很多人因爲無明，每天不斷地製造煩惱痛苦，就要發菩提心，生起崇高的利他主義願望，幫助更多的人了解生命眞相，解除煩惱。有了這樣的慈悲心，就能積極入世。而有了空的智慧，就能在入世過程中保持無所得、不染著的心態。《金剛經》就是一本幫助我們學會放下，同時又積極利他的經典。

濟群法師著作系列

修學引導叢書

《探索》
《走近佛陀》
《道次第之道》
《菩提大道——《菩提道次第略論》講記》
《菩提心與普賢行願》
《尋找心的本來》
《你也可以做菩薩——《入菩薩行論》講記》
《學著做菩薩——《瑜伽菩薩戒品》講記》
《真理與謬論——《辯中邊論》解讀》
《認識與存在——《唯識三十論》解讀》
《超越「二」的智慧——《心經》《金剛經》解讀》
《開啟內在智慧的鑰匙——《六祖壇經》解讀》

智慧人生叢書

《你也可以這樣活著》
《心，才是幸福的關鍵》

《我們誤解了這個世界》
《我們誤解了自己》
《經營企業與經營人生》
《造就美好的自己》
《走出生命的迷霧》
《禪語心燈》
《怎麼過好這生活》
《有疑惑，才能開悟》

以戒為師叢書

《認識戒律》
《戒律與佛教命脈——標宗顯德篇解讀》
《僧伽禮儀及塔像製造——僧像致敬篇解讀》
《出家剃度及沙彌生活——沙彌別行篇解讀》
《比丘資格的取得——受戒緣集篇解讀》
《僧伽的教育問題——師資相攝篇解讀》
《僧伽的自新大會——說戒正儀篇解讀》
《僧團的管理制度——僧網大綱篇解讀》
《僧伽的定期潛修——安居策修篇解讀》
《僧格的年檢——自恣宗要篇解讀》
《戒律與僧伽生活》

金翅鳥系列　JZ06

你也可以這樣活著

作　　者／濟群法師
責任編輯／李瓊絲、陳芊卉
業　　務／顏宏紋

總 編 輯／張嘉芳
出　　版／橡樹林文化
城邦文化事業股份有限公司
104 台北市民生東路二段 141 號 5 樓
電話：(02)2500-7696 #2738　傳真：(02)2500-1951
發　　行／英屬蓋曼群島商家庭傳媒股份有限公司城邦分公司
104 台北市中山區民生東路二段 141 號 5 樓
客服服務專線：(02)25007718；25001991
24 小時傳眞專線：(02)25001990；25001991
服務時間：週一至週五上午 09:30 ～ 12:00；下午 13:30 ～ 17:00
劃撥帳號：19863813　戶名：書虫股份有限公司
讀者服務信箱：service@readingclub.com.tw
香港發行所／城邦（香港）出版集團有限公司
香港九龍九龍城土瓜灣道 86 號順聯工業大廈 6 樓 A 室
電話：(852)25086231　傳眞：(852)25789337
Email：hkcite@biznetvigator.com
馬新發行所／城邦（馬新）出版集團【Cité (M) Sdn.Bhd. (458372 U)】
41, Jalan Radin Anum, Bandar Baru Sri Petaling,
57000 Kuala Lumpur, Malaysia.
電話：(603)90563833　傳眞：(603)90576622
Email：services@cite.my

內文排版／歐陽碧智
封面設計／夏魚
印　　刷／中原造像股份有限公司

初版一刷／ 2024 年 2 月
ISBN ／ 978-626-7219-85-0
定價／ 380 元

城邦讀書花園
www.cite.com.tw

國家圖書館出版品預行編目（CIP）資料

你也可以這樣活著 / 濟群法師著 . -- 初版 . -- 臺北市：橡樹林文化，城邦文化事業股份有限公司出版：英屬蓋曼群島商家庭傳媒股份有限公司城邦分公司發行，2024.02
面；　公分 . --（金翅鳥系列：JZ06）
ISBN 978-626-7219-85-0（平裝）

1. CST: 佛教修持　2. CST: 生活指導

225.87　　112021172

104 台北市中山區民生東路二段 141 號 5 樓

城邦文化事業股份有限公司
橡樹林出版事業部　收

請沿虛線剪下對折裝訂寄回，謝謝！

|橡|樹|林|

書名：你也可以這樣活著　書號：JZ06

橡樹林文化
讀者回函卡

感謝您對橡樹林出版社之支持，請將您的建議提供給我們參考與改進；請別忘了給我們一些鼓勵，我們會更加努力，出版好書與您結緣。

姓名：＿＿＿＿＿＿＿＿＿＿ □女 □男 生日：西元＿＿＿＿＿年

Email：＿＿＿＿＿＿＿＿＿＿＿＿＿＿＿＿＿＿＿＿

● 您從何處知道此書？

□書店 □書訊 □書評 □報紙 □廣播 □網路 □廣告 DM □親友介紹

□橡樹林電子報 □其他＿＿＿＿＿＿

● 您以何種方式購買本書？

□誠品書店 □誠品網路書店 □金石堂書店 □金石堂網路書店

□博客來網路書店 □其他＿＿＿＿＿＿

● 您希望我們未來出版哪一種主題的書？（可複選）

□佛法生活應用 □教理 □實修法門介紹 □大師開示 □大師傳紀

□佛教圖解百科 □其他＿＿＿＿＿＿

● 您對本書的建議：

＿＿＿＿＿＿＿＿＿＿＿＿＿＿＿＿＿＿＿＿＿＿＿＿

＿＿＿＿＿＿＿＿＿＿＿＿＿＿＿＿＿＿＿＿＿＿＿＿

＿＿＿＿＿＿＿＿＿＿＿＿＿＿＿＿＿＿＿＿＿＿＿＿

＿＿＿＿＿＿＿＿＿＿＿＿＿＿＿＿＿＿＿＿＿＿＿＿

＿＿＿＿＿＿＿＿＿＿＿＿＿＿＿＿＿＿＿＿＿＿＿＿

我已經完全瞭解左述內容，並同意本人資料依上述範圍內使用。

＿＿＿＿＿＿＿＿＿＿＿＿（簽名）

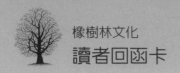